生态工业园区
系统稳定性与调控技术

罗　宏　杨占红　罗柳红　著

科学出版社
北　京

内容简介

本书在生态工业园区发展研究现状的基础上，以园区系统稳定性与调控为关键问题，分别对基于人工生态系统视角的园区系统稳定性和基于拓扑结构的园区系统稳定性进行了分析，并从拓扑结构下的维稳分析、基于博弈论的水资源梯级利用和低碳设计等方面，对园区系统调控进行了研究。全书借鉴多学科工具进行理论论证，并借案例辅以实证研究，给出了生态工业园区系统稳定性的数量化描述，提供了对生态工业园区进行调控的建议，可为生态工业园区的规划和运行提供科技支撑与决策参考，增强生态工业园区规划建设的科学性。

本书可供国家及地方政府决策者、工业园区相关企业管理者，以及循环经济、生态工业园区管理、资源循环利用等领域的研究人员和从业人员阅读参考。

图书在版编目（CIP）数据

生态工业园区系统稳定性与调控技术/罗宏，杨占红，罗柳红著. —北京：科学出版社，2020.3

ISBN 978-7-03-064099-4

Ⅰ. ①生… Ⅱ. ①罗… ②杨… ③罗… Ⅲ. ①生态工业—工业园区—研究 Ⅳ. ①F403

中国版本图书馆 CIP 数据核字（2019）第 002594 号

责任编辑：王丹妮 / 责任校对：严　娜
责任印制：张　伟 / 封面设计：无极书装

科学出版社出版
北京东黄城根北街 16 号
邮政编码：100717
http://www.sciencep.com

北京虎彩文化传播有限公司印刷
科学出版社发行　各地新华书店经销
*
2020 年 3 月第　一　版　开本：720 × 1000　1/16
2020 年11月第二次印刷　印张：8 3/4
字数：140 000

定价：82.00 元

（如有印装质量问题，我社负责调换）

前　言

循环经济是一种建立在资源回收和循环再利用基础上的经济模式，将传统经济发展中的“资源—产品—废弃物”这一线性物流模式改变为“资源—产品—废弃物—再生资源”的物质循环模式，实现了“废弃物”的再生利用，弥补了线性经济系统中因再生利用系统缺失而出现的物流循环阻断。随着国家对节约资源、保护环境的重视，发展循环经济已成为抢占新一轮经济和科技发展制高点的重大战略，也是我国的一项重大战略决策，是落实党的十九大推进生态文明建设战略部署的重大举措，是加快转变经济发展方式、建设资源节约型与环境友好型社会、推动绿色发展的重要途径，是实现可持续发展的必然选择。

生态工业园区是一个包括自然、工业和社会的地域综合体，是依据循环经济理论和工业生态学原理而设计的一种新型工业组织形态，是循环经济发展模式的实现形式，也是世界工业园区的发展方向。生态工业园区通过成员之间的副产品和废弃物的交换、能量和水资源的梯级利用、基础设施共享等方式来实现园区在经济效益和环境效益方面的协调发展，成为推动经济绿色转型、建设生态文明与探索环境保护新道路的重要实践。

随着生态工业园区的不断发展，园区系统稳定性与调控逐步成为需要关注的关键问题。本书采用理论论证和定量分析相结合的研究方法，借鉴和运用生态学、管理学、环境科学、经济学和数学等多学科工具进行理论论证，并辅以长沙经济技术开发区生态化改造的实证研究，试图通过借鉴其他学科的定量分析工具和数学模型方法，对生态工业园区系统稳定性与调控给出一些定量化的结果，并提出若干思考与建议，可为生态工业园区的规划和运行提供科技支撑与决策参考，增强生态工业园区规划建设的科学性。

首先，本书通过对有关生态工业园区的发展现状及相关理论研究进行分析，认为当前依据自然生态系统稳定性的定义而给出的园区系统稳定性的描述性定义，不符合园区系统的人工系统特征；通过对人工生态系统和园区系统的比较，提出园区系统的稳定性以抗干扰能力、经济生产力和环境效益三个可度量的指标来衡量，使园区系统稳定性可定量化。进一步研究表明，度量园区系统稳定性的指标均是通过生态工业链来实现其功能的；利用动态规划模型可衡量生态工业链的稳定性并得到一定成本和风险下的最优化方案。

其次，本书通过对园区内生态工业链形成机理的分析，得出生态工业链主要有两种形式，一种是对同种资源或能源分级利用形成的共生关系，另一种是产品链上不同副产品交换形成的共生关系。对于前者，本书以水资源为例，利用博弈论对参与梯级利用体系的各利益主体进行了深入分析，得出了它们的最优化战略是水资源价格、再生水价格、企业水处理成本和排污收费价格的函数，又从微观经济学的角度对各利益主体参与梯级利用的动因及这一体系良性运转的机制进行了深入的剖析；对于后者，本书利用 Shapley 值法，对生态工业链的经济效益按各企业的贡献率进行公平合理的分配，可促进链上企业间对干扰的联抗机制的形成与发展。

再次，生态工业园区是一个复杂的网络系统，生态工业园区系统的稳定性可通过其拓扑结构的三个层次进行调控。通过对园区系统拓扑结构的解析，将整个园区系统结构分成社团、主生态工业链及核心企业三个层次，使系统结构清晰、调控目标明确。本书基于标准拉普拉斯（Laplace）矩阵，根据企业间联系的紧密程度，将园区系统划分为若干个较小的社团结构；利用正的最大特征值及其特征向量的性质，对社团内企业的重要性进行排序，从中找到核心企业；进一步利用 MatLab 软件编程，找到核心企业所在的主生态工业链。

最后，本书将低碳设计作为园区系统稳定性的调控手段之一，结合当前低碳经济的发展潮流，对园区的低碳转型做了一些探讨，提出推动生态工业园区建设与管理、促进循环经济发展的对策及建议。

由于时间仓促和著者水平有限，书中难免存在疏漏之处，请读者不吝指正。

著　者

2019 年 6 月

目　　录

1 绪　论

1.1 生态工业园区的内涵

工业发展自工业革命以来一直是世界经济发展的主导力量，但工业发展消耗大量的资源，同时产生大量的废弃物，恶化了生态环境的同时，使资源进一步枯竭。传统的环保战略，将环境保护与经济发展割裂开来，只关注经济活动造成的负面的生态和环境后果，注重对废弃物和污染物的末端治理，在资源浪费、环境恶化的同时也增加了经济发展成本，已被证明不能保障经济的可持续发展，直接导致了当今国际竞争主要表现为资源的竞争。在这一背景下，世界各国尤其是发达国家，在探索如何保护资源和合理利用资源方面走在前列，先后提出了清洁生产、生态经济和循环经济的理念，在促进经济和环境的协调发展上不断做出新的尝试。

1.1.1 起始

20 世纪 70 年代，丹麦卡伦堡（Kalundborg）“工业共生体”的建立、发展与完善，因实现了经济效益、社会效益和环境效益的统一而日益受到关注，成为运用自然生态理论指导经济发展的典型案例。卡伦堡生态工业园的主体是 5 家企业、1 家废弃物处理公司和卡伦堡市政府，通过贸易方式利用对方企业生产过程中产生的废弃物和副产品，形成了经济发展与环境保护的良性循环。卡伦堡将“工业共生体”定义为企业之间相互利用废弃物和副产品的合作关系，成为此后生态工业园区发展的雏形。

一般认为，生态工业园区概念是基于理论界对工业生态学的不断探索和研究提出的。1989 年 9 月，Frosch 和 Gallopoulos（1989）的《可持续工业发展战略》发表在美国科普杂志 *Scientific American* 上，正式提出了“工业生态学”的概念，从而引发了人们对工业生态学这一问题的关注。1990 年，美国国家科学院与贝尔实验室共同组织了首次“工业生态学”论坛，对工业生态学进行了全面系统的总结，基本形成了工业生态学的概念框架（段宁，2001）。工业生态学把整个工业系统看作一个生态系统，认为工业系统中的物质、能源和信息的流动与储存并不是孤立的、简单的叠加关系，而是像在自然生态系统中那样可以循环运行，形成了一个相互依赖、相互作用、相互影响的复杂网络系统。此外，工业生态学还认为理想的工业生态系统应该能以完全循环的方式运行，达到“零污染、零排放”。在理想状态下，工业生态系统内没有绝对意义上的废弃物，某一家企业的废弃物，可能是另一家企业的资源；或者说，传统意义上的废弃物在工业生态学中被认为是“错置的资源”。因此，工业生态学被认为是人类社会活动中协调经济、社会和环境各系统之间关系的最为有效的理论工具。

1.1.2　发展

1992 年，美国 Indigo 发展研究所 Ernest Lowe 教授首次提出了“生态工业园”的概念。他认为生态工业园是一个由制造业企业和服务业企业组成的群落；它通过管理包括能源、水和材料这些基本要素在内的环境与资源方面的合作来实现生态环境与经济的双重优化和协调发展，最终使企业群落寻求一种比每个企业优化实现的个体效益总和要大得多的群体效益（Lowe，1997）。此外，Cote 和 Cohen-Rosenthal（1998）、Lowe 等（1995）及美国总统可持续发展委员会（1996）等从不同侧面均对生态工业园进行了定义。

2001 年，Lowe（2001）在“Introduction to Eco-Industrial Parks”（生态工业园简介）中全面总结了生态工业园的定义，他认为生态工业园的概念主要应包含三个方面的内容：①园区内企业进行合作的范围和内容；②园区内企业创造的整体效益要大于单个企业最优化效益之和；③园区的首要目标是经济效益，其次才是环境效益，即园区的出发点是通过生产组织形式等的创新来提高园区内企业的经济效益，同时最大限度地减少其环境影响。

与多数学者认为生态工业园概念主要起源于生态学与工业活动相结合而产生的新兴交叉学科——工业生态学不同的是，Pellenbarg（2002）考察了荷兰 60 个生态工业园区的发展政策和经验后得出了不同的观点。他认为，生态工业园概念的形成是两个方面共同作用的结果：正在改变的区位趋势导致的区位市场的分化；政府有目的地将经济与环境相结合的政策。这一论断，似乎更符合国内生态工业园区发展的实际情况。

1.1.3　国内情况

国内对生态工业园区的研究伴随着我国生态工业园区的建设，始于 20 世纪 90 年代后期。生态工业园区的概念最早是由段宁（2001）提出的：生态工业园区是实现生态工业和工业生态学的重要途径，它通过园区内物质流和能量流的正确设计，模拟自然生态系统，形成企业间共生网络，一个企业的废弃物成为另一个企业的原材料，企业间能量及水等资源梯级利用。此后，不同学者（冯久田等，2003；王晓光，2003；钟书华，2003；解振华，2002）针对我国的国情，从不同的侧重点出发，对生态工业园区给出了不同的定义，但基本上都包括以下几个要点：①企业同处于一个工业园之内；②通过模拟自然生态系统来设计园区的物质流和能量流，一个企业产生的副产品或废弃物可作为另一个企业的资源，物质形成闭环流动模式；③生态工业园区的目标是达到物质循环使用、能量利用最大化和废弃物排放最小化。

2006 年，国家环境保护总局（简称国家环保总局，现为生态环境部）发布了生态工业园区标准，统一了生态工业园区的定义，2009 年修订的标准又对生态工业园区的定义进行了更新。生态工业园区是依据循环经济理念、工业生态学原理和清洁生产要求而设计建立的一种新型工业园区。它通过理念更新、体制革新、机制创新，将不同工厂、企业和产业联系起来，提供可持续的服务体系，形成共享资源和互换副产品的产业共生组合，建立“生产者—消费者—分解者”的循环方式，寻求物质闭环循环、能量多级利用、信息反馈，实现园区经济的协调发展。

可以看出，各国政府和学者由于侧重点与出发点不同，对生态工业园区的定义也各有不同。但综合来看，一般都具有如下特点（边均兴，2005）：①强调相互合作与整体利益。园区由制造业和服务业组成，通过合作达到经济、环境和社会效益的共赢。②强调系统思想的重要性。通过对园区内物质流、能量流和信息流的系统集成，改善园区的运作效率，并实现基础设施的共享。③强调工业生产的生态化和环境友好性。以工业生态学为理论基础来规划和设计整个园区及园区内的工业生产过程，使工业生产与自然系统有机融合、经济发展与环境更加和谐。④强调可持续性。通过对园区内资源的循环使用和能源的梯级利用，实现资源消耗的最小化和环境保护的最大化，使生态工业园区成为一种可持续发展的模式。

1.2 生态工业园区的理论基础

生态工业园区是实现生态工业和工业生态学的重要途径与载体，是依据清洁生产要求、循环经济理念和工业生态学原理而设计建立的一种新型工业园区。因此，清洁生产、循环经济理论和工业生态学原理是生态工业园区的基本理论基础。

1.2.1 清洁生产

清洁生产是近年兴起的研究工业生产方式的一门新兴学科，是在企业层面实现生态化的基本模式，也是建立生态工业园区的前提和基础。目前，国际上对清洁生产还没有形成统一的定义，比较有代表性的是联合国环境规划署于 1989 年提出的定义。清洁生产是一种新的创造性思想，是将整体预防的环境战略持续地应用在生产过程、产品和服务中，以增加生态效率，减少人类及环境的风险（钱易，2002）。

可以看出，这一定义明确规定了清洁生产是一种整体预防的环境战略，对象是生产过程、产品和服务，关注生产的全过程控制，强调的是源头削减，即对废弃物产生量的削减，而非产生后的治理措施。因此，清洁生产实施意味着工业生产方式根本性的变革，即从传统的粗放型生产转向集约型生产；要求企业在生产、营销、财务和环保等领域积极地施行清洁生产审计、环境管理体系、生态设计、生命周期评价、环境标志及环境管理会计等清洁生产措施。总的来说，清洁生产是通过应用专门技术、改进工艺技术和改变管理方法等方式来实现环境保护的战略。

Evans 和 Steverson（2000）认为清洁生产追求的目标有三个：①对生产过程，要求节约原材料和能源，淘汰或替代有毒原材料并在全部排放物和废弃物离开生产过程之前减少其数量及毒性；②对产品，清洁生产策略旨在减少产品在整个生命周期过程中对人类和环境的影响；③对服务，清洁生产把对环境的关心与服务的设计及运输结合起来。

我国是国际上公认的清洁生产搞得较好的发展中国家之一，单个企业做好清洁生产是建立生态工业园区的前提和基础。

1.2.2 循环经济理论

循环经济是物质闭环流动型经济的简称，本质上是一种生态经济，它将清洁生产、资源综合利用、生态设计和持续消费融为一体，以物质、能量的梯级利用和闭环循环使用为特征，以“资源—产品—废弃物—再生资源”为主要物质流动经济模式。循环经济遵循“3R”原则，即减量化（reduce）、再利用（reuse）、再循环（recycle），其中减量化原则是首要原则，废弃物再利用是减少废弃物最终处理量的方式之一，在废弃物问题上的优先顺序依次为：避免发生、循环利用、最终处置。这就要求人类在生产和消费的所有领域中都应尽可能做到物尽其用，保护日益稀缺的环境资源，提高环境资源的配置效率，不给环境造成危害。循环经济的提出，是人类对难以为继的传统发展模式反思后的创新，也是对人与自然关系在认识上不断升华后的结果。

循环经济为工业化以来的传统经济向可持续发展经济转化提供了新的理论范式，理论上可以完全消除长期以来环境与发展之间的尖锐冲突。依照循环经济的理念，在资源生产和消费领域，有三种不同维度的循环模式：企业内部的循环；企业之间的循环；社会整体循环。循环经济是一种新的技术范式和新的生产力发展方式，主要表现在：①循环经济改变了传统的思维方式、生产方式和生活方式，将传统的线性开环式经济系统转变成非线性的闭环式经济系统；②循环经济以协调人与自然的关系为准则，模拟自然生态系统的运行方式和规律，使社会生产从数量型的物质增长形式转变为质量型的服务增长形式，使资源实现了可持续利用；同时循环经济还通过产业链的向上、向下延伸，推动环保产业和其他新兴产业的发展，是一种新型的经济增长方式。

我国于 1998 年引入循环经济并逐步推行，特别是在 2005 年十六届五中全会上，我国已将循环经济上升到国家发展战略的高度；党的十七大又进一步提出树立科学发展观，在经济建设过程中大力发展循环经济，提倡走新型工业化道路，建立生态文明社会的更高层次的战略目标（洪洁和李琳，2008）。《中华人民共和国循环经济促进法》由中华人民共和国第十一届全国人民代表大会常务委员会第四次会议于 2008 年 8 月 29 日通过，自 2009 年 1 月 1 日起施行。颁布实施的《中华人民共和国循环经济促进法》，是深入贯彻落实科学发展观、依法推进经济社会又好又快发展的现实需要，是落实党中央提出的实现循环经济较大规模发展战略目标的重要举措。贯彻实施《中华人民共和国循环经济促进法》、发展循环经济还将推动形成一批新产业和新产品，对拉动内需、创造新的就业岗位、解决民生问题具有积极的现实意义。

1.2.3 工业生态学

1989 年 9 月，Frosch 和 Gallopoulos 在题为“可持续工业发展战略”的文章中正式提出了工业生态学的概念。他们认为，工业生产中没有绝对的废弃物，工业生产和环境保护也并不总是相互对立的，通过适当的处理两者完全可以实现统一。1990 年，美国国家科学院与贝尔实验室共同组织了首次“工业生态学”论坛，对工业生态学的概念、内容、方法及应用前景进行了全面系统的总结。Tibbs（1992）总结了工业生态学的原理，认为其主要体现在以下几个方面：通过再使用和再循环形成闭环；提高材料和能源的使用效率；减少废弃物的产生；将所有的废弃物定义为潜在产品并为之寻找市场，使单个企业与整个工业系统联系起来；通过避免和减少产生与运输有毒有害物质、减少因向自然环境排放污染物而造成的环境负担，以及从自然生态环境的特性和敏感性的角度对与自然界紧密联系的工业进行设计，实现产业输入、输出与自然生态系统之间的平衡；通过改变技术、生产过程、产品设计减少材料和能源的使用与消耗，并最大限度地再利用。

从工业生态学的概念提出以来，很多学者对其做过定义。Fotopoulos 和 Spence（2001）指出，在传统工业活动中，各种制造工艺使用原材料并生产出要销售的产品和要处理的废弃物的简单工业模式理应转变为一种更加一体化的模式，即工业生态系统。在这一系统中，能量和物质的消耗是优化的；一种过程的排出物，无论是石油炼制过程中的催化剂、发电过程中产生的飞灰和底灰，还是产品消费后的废塑料容器，都可用作另一种过程的原材料。O'Rourke 等（1996）认为工业生态学强调以生态学的原理构建工业系统，形成物质的封闭循环及物质与废弃物间的交换。另外，Allenby 和 Richard（1994）、Cote 和 Hall（1995）等都曾对工业生态学下过定义，这些定义可归为四类：①将工业生态学看作人类经济活动和这些活动相互关系的总和；②将工业生态学看作工业系统和自然系统的类似物；③将工业生态学视为循环、流动和网络化的分析框架；④将工业生态学看作产品设计、制造过程设计及提高效率的一种途径。Hawken（1993）在其著作 *The Ecology of Commerce*：*A Declaration of Sustainability*（《商务生态学：可持续发展的宣言》）一书中指出：我们完全有能力创造一种不同的经济，它既可恢复生态系统、保护环境，同时也可以为人类带来革新动力、繁荣、有意义的工作和真正的安全。这种经济就是基于工业生态学的生态经济模式。

因此，工业生态学是人类社会可持续发展的一种途径，主要目的是解决人类与自然生态系统之间的矛盾。工业生态学抓住这一核心问题，从不同的视角，以工业系统中的产品与服务为重点，采用定量的方法分析、研究工业系统的全部运行情况对自然环境造成的影响，从而找出减少这些影响的方法。生态工业学的主旨体现在三个方面：①“一体化”的观念，即经济系统内各组成部分之间、经济和环境系统之间是相互依存、不可分割的；②“全过程”的观念（清洁生产），即物质的循环优化应贯穿于从原材料开采到产品生产、包装、使用及废弃物的最终处理；③“经济系统耦合”的观念，即不是将物质利用局限在一个企业内部，而是注重更大、更高级别系统（区域或整个产业系统）的耦合。

生态工业园区的建设是一项复杂的系统工程，需要借助多学科的理论支持。除了清洁生产、循环经济和工业生态学之外，可持续发展理论、工业区位理论、产业集群理论、系统工程理论、景观生态学理论和交易费用理论等也是生态工业园区建设的重要理论基础。

1.2.4　系统论

系统是指由若干相互联系、相互作用的单元，按照一定的规律和方式组合所形成的具有特定功能的有机整体；其内部存在若干个子系统，并且该系统本身是某个更大系统的组成部分。系统具有以下基本性质。

（1）系统由若干要素构成。各要素有独立的分工，但彼此间又相互联系、相互制约。当系统中某个要素的性状发生变化时，往往带来一系列的连锁反应，影响其他要素甚至整个系统。

（2）系统是有边界的，明确系统的边界有利于对系统进行研究。系统是开放的，通过物质和能量的输入、输出与外界环境之间发生联系。

（3）系统是具有一定结构的、为实现一定功能的有机整体。整体性是系统最本质的特征属性：系统中的各要素按照一定的量比、等级和层次有序地组合；系统中的物质与能量按照一定的路径进行交换和转化。系统结构的有序性，使得其整体功能大于各要素功能的总和。由于各要素间是相互作用而非独立的，系统整体获得新的功能，即系统既包括各要素自身的功能，又包括要素间相互作用产生的功能，这就是系统的“1＋1＞2”（整体大于部分之和）。

生态系统是指一定区域内所存在的生物群落与非生物环境之间，通过物质循环与能量转换而形成的一个相互作用、相互依赖的统一整体。自然界中存在各种类型的生态系统，尽管不同类型的生态系统中组成成分不同，但从功能性质来划分，生态系统的结构通常包括四大成分组成——无机环境、生产者、消费者和分解者。无机环境是生态系统中物质与能量的来源；生产者利用简单无机物制造有机物，是系统中唯一的自养生物；消费者是系统中的异养生物，直接或间接地依赖于生产者所制造的有机物；分解者将复杂的有机物逐级降解为简单的无机物，使有机物回归环境并参与再循环。生态系统中的各个成分之间通过物质、能量和信息的交换，在一定的条件下，可以保持暂时的、相对的平衡状态。工业生态系统是随着工业生态理论的产生和发展而逐步发展起来的，是将一定区域内的企业看作自然生态系统中的个体，同类企业形成“种群”，区域范围的工业体系看作“生物群落”，区域内的所有企业与所处的区域环境共同构成的一个新型工业系统。在工业生态系统中，以工业生态学为理论基础，物质循环和能量流动仿照自然生态系统中“生产者—消费者—分解者”的形式来规划与实现。与自然生态系统相似，工业生态系统的结构也分为四个部分——区域环境、生产者企业、消费者企业和分解者企业。系统从区域环境中获取物质与能量，生产者企业为工业生产提供初级原料和能源；消费者企业对生产者企业提供的初级资源进行加工，生产满足人类生产生活必需的工业品；分解者企业对各种副产品进行再资源化、无害化处理或加工使其转化为新的工业品。但是，工业生态系统是一个相对概念，以生态系统的规律来指导工业生产，与自然生态系统不可能完全类似；目前对这一理论的研究还在不断发展之中，从生态角度来看，工业生态系统也并不成熟。因此，工业生态系统与自然生态系统既存在相似性，又有区别（夏训峰等，2006a）。

工业生态系统与自然生态系统的相似性在于：①工业生态系统通过构建类似于自然生态系统中“生物链”的“资源—产品—废弃物—再生资源”和“生产者—消费者—分解者”的生态工业链来完成物质循环与能量流动；②工业生态系统也存在类似于自然生态系统的动态演化过程，系统内企业通过合作与竞争的关系实现协同进化；③工业生态系统中有类似于自然生态系统的“关键种”——核心企业；④工业生态系统通过企业间的合作来提高企业的效益，这种合作能够产生“1＋1＞2”的效果，类似于自然生态系统中共生关系所产生的“剩余”。

工业生态系统与自然生态系统的区别主要是：①工业生态系统是一个以人为主体的社会经济系统；自然生态系统是没有人参与的，不具有目的性。②工业生态系统中环境变化的周期短；自然环境的变化是缓慢的。③自然生态系统只受生态规律的约束；工业生态系统不但受自然规律的控制，更受社会经济规律的制约。④自然生态系统中的物质流和价值流是同向的；工业生态系统中的物质流和价值流是反向的。自然生态系统中的食物链一般是由低级生物到高级生物呈金字塔的形状，传递的能量逐渐减少，生物数量也随之减少，两者是同向变化的；工业生态系统中物质流由商品生产者流向消费者，而价值流由商品消费者流向生产者，两者是反向的。⑤生物的生态位比较稳定，自然生态系统的稳定性较好；而企业生态位则经常发生变动，工业生态系统的稳定性差。工业生态系统要维持稳定，企业就要随时寻找自己的废弃物被利用的可能性，以及利用其他企业废弃物作为原料的可能性，并保证这种可能性变成现实且能持续运行。⑥自然生态系统依赖无限的太阳能，可以实现永恒运转；工业生态系统要解决的是如何摆脱对不可再生矿物能源的依赖，以实现经济的可持续发展。工业生态系统是物质和能量大量输入的、人类干预下的开放系统，目的是更多地获取工业产品以满足人类的需要。由于工业产品的输出，原先在系统中循环的“营养物质”离开了系统。为了维持“养分”平衡，工业生态系统必须不断提高系统的生产力以抵消系统中增加的熵，维护系统的稳定状态。

1.3 生态工业园区的发展状况

1.3.1 国外情况

各国学者通过大量研究，普遍认为卡伦堡模式是可以依据各国不同国情“复制”的。自 20 世纪 90 年代以来，生态工业园区迅猛发展，成为世界工业园发展的一种新模式。除丹麦、美国、加拿大等发达国家外，泰国、印度尼西亚、菲律宾、纳米比亚和南非等发展中国家也积极兴建生态工业园区，生态工业园区开始成为世界工业园区发展领域的主题，并取得了较丰富的经验（罗宏，2002）。

始建于 20 世纪 70 年代的丹麦卡伦堡工业共生体，经过几十年的不断发展与完善，已成为国际上为数不多的生态工业园区的成功范例（Jacobsen，2006）。20 世纪 90 年代中期，北美和欧洲的一些发达国家在生态工业园区的研究与实践上取得了长足进展，其中美国最为突出。美国总统可持续发展委员会于 1995 年指定了

4个生态工业示范区进行实际应用与研究（罗宏，2001）。在欧洲，包括瑞典、奥地利、爱尔兰、法国、荷兰、英国、意大利、芬兰和德国在内的多个国家也迅速开展了生态工业园区的建设规划。其中，荷兰在鹿特丹港（Rotterdam Port）设立了一个包括大、中型企业的生态工业园区项目，目标是建成以石油工业、石油化工业及其支持行业为核心产业的生态工业园区；该项目的建设由荷兰著名大学——鹿特丹伊拉斯姆斯大学（Erasmus University Rotterdam）领导，走典型的产、学、研三方合作道路。

欧美的成功经验极大地鼓舞了亚洲各国筹建生态工业园区的热情。日本是亚洲最早关注产业与生态关系的国家之一，其著名的生态城镇（Eco-town）项目是日本推动生态产业发展最成功的项目之一（Grant，1997）；同时日本也大力发展生态工业园区。此外，泰国、印度尼西亚、印度、菲律宾等亚洲国家也积极推进生态工业园区项目的规划与建设。泰国、印度尼西亚和印度的生态工业园区项目的规划与改造都得到了德国联邦技术救援署（German Federal Agency for Technical Relief，THW）的资助。在泰国，生态工业园区项目直接隶属于泰国工业园区管理局，受到国家的高度重视。印度尼西亚的生态工业园区则设在其首都雅加达的郊区，积极研究在园区内建立物质交换网络的可能性。印度在纳罗达工业区兴建类似于我国广西贵港国家生态工业园（制糖）示范园区［以下简称为贵港（制糖）生态工业园区］模式的以制糖业为基础的生态工业园区。菲律宾通过对传统工业园的生态化改造，在生态工业园区内组成一个生态工业链系统，并取得了很大成效。除此以外，世界其他地区，如南美洲、澳大利亚、南非和纳米比亚等，也建立了很多有关生态工业园区的项目（韩玉堂，2009）。

1.3.2 国内情况

我国生态工业园区的发展顺应历史潮流，始于20世纪90年代后期。截至2018年，国务院设立的开发区共有552家，其中经济技术开发区219家，高新技术产业开发区156家。为了推进我国生态工业及生态工业园区的发展，原国家环保总局主要针对现有的园区进行生态化改造和产业升级，并从1999年开始启动了生态工业示范园区建设试点工作，为全国生态建设工作起到示范带动作用。

从原国家环保总局开始推进生态工业园区以来，我国已经批准了一系列国家级生态工业示范园区的建设项目，截至2017年5月，批准命名的国家级生态工业示范园区有48个，批准建设的国家级生态工业示范园区有45个，详见表1-1和表1-2。

表 1-1 我国获批命名的国家级生态工业示范园区名单

序号	名称	批准文号	批准时间
1	苏州工业园区	环发〔2008〕9 号	2008 年 3 月 31 日
2	苏州高新技术产业开发区	环发〔2008〕9 号	2008 年 3 月 31 日
3	天津经济技术开发区	环发〔2008〕9 号	2008 年 3 月 31 日
4	烟台经济技术开发区	环发〔2010〕46 号	2010 年 4 月 1 日
5	无锡新区（高新技术产业开发区）	环发〔2010〕46 号	2010 年 4 月 1 日
6	山东潍坊滨海经济开发区	环发〔2010〕47 号	2010 年 4 月 1 日
7	日照经济技术开发区	环发〔2010〕103 号	2010 年 8 月 26 日
8	上海市莘庄工业区	环发〔2010〕103 号	2010 年 8 月 26 日
9	昆山经济技术开发区	环发〔2010〕135 号	2010 年 11 月 29 日
10	张家港保税区暨扬子江国际化学工业园	环发〔2010〕135 号	2010 年 11 月 29 日
11	扬州经济技术开发区	环发〔2010〕135 号	2010 年 11 月 29 日
12	上海金桥出口加工区	环发〔2011〕40 号	2011 年 4 月 2 日
13	北京经济技术开发区	环发〔2011〕50 号	2011 年 4 月 25 日
14	广州开发区	环发〔2011〕144 号	2011 年 12 月 5 日
15	南京经济技术开发区	环发〔2012〕35 号	2012 年 3 月 19 日
16	天津滨海高新技术产业开发区华苑科技园	环发〔2012〕158 号	2012 年 12 月 26 日
17	上海漕河泾新兴技术开发区	环发〔2012〕158 号	2012 年 12 月 26 日
18	山东阳谷祥光生态工业园区	环发〔2013〕25 号	2013 年 2 月 6 日
19	临沂经济技术开发区	环发〔2013〕25 号	2013 年 2 月 6 日
20	上海化学工业经济技术开发区	环发〔2013〕25 号	2013 年 2 月 6 日
21	江苏常州钟楼经济开发区	环发〔2013〕108 号	2013 年 9 月 15 日
22	江阴高新技术产业开发区	环发〔2013〕108 号	2013 年 9 月 15 日
23	沈阳经济技术开发区	环发〔2014〕8 号	2014 年 1 月 10 日
24	宁波经济技术开发区	环发〔2014〕48 号	2014 年 3 月 20 日
25	上海张江高科技园区	环发〔2014〕48 号	2014 年 3 月 20 日
26	上海闵行经济技术开发区	环发〔2014〕48 号	2014 年 3 月 20 日
27	徐州经济技术开发区	环发〔2014〕145 号	2014 年 9 月 30 日
28	合肥高新技术产业开发区	环发〔2014〕145 号	2014 年 9 月 30 日
29	青岛高新技术产业开发区	环发〔2014〕145 号	2014 年 9 月 30 日
30	南京高新技术产业开发区	环发〔2014〕145 号	2014 年 9 月 30 日
31	常州国家高新技术产业开发区	环发〔2014〕199 号	2014 年 12 月 25 日
32	常熟经济技术开发区	环发〔2014〕199 号	2014 年 12 月 25 日

续表

序号	名称	批准文号	批准时间
33	南通经济技术开发区	环发〔2014〕199号	2014年12月25日
34	宁波高新技术产业开发区	环发〔2015〕101号	2015年7月31日
35	杭州经济技术开发区	环发〔2015〕101号	2015年7月31日
36	福州经济技术开发区	环发〔2015〕101号	2015年7月31日
37	江苏武进经济开发区	环科技〔2016〕106号	2016年8月3日
38	武进国家高新技术产业开发区	环科技〔2016〕106号	2016年8月3日
39	南京江宁经济技术开发区	环科技〔2016〕106号	2016年8月3日
40	上海市市北高新技术服务业园区	环科技〔2016〕106号	2016年8月3日
41	长沙经济技术开发区	环科技〔2016〕106号	2016年8月3日
42	扬州维扬经济开发区	环科技〔2016〕114号	2016年8月22日
43	盐城经济技术开发区	环科技〔2016〕114号	2016年8月22日
44	温州经济技术开发区	环科技〔2016〕114号	2016年8月22日
45	连云港经济技术开发区	环科技〔2016〕171号	2016年11月29日
46	淮安经济技术开发区	环科技〔2016〕171号	2016年11月29日
47	郑州经济技术开发区	环科技〔2016〕171号	2016年11月29日
48	长春汽车经济技术开发区	环科技〔2016〕171号	2016年11月29日

表1-2　我国获批建设的国家级生态工业示范园区名单

序号	名称	批建批号	批建时间
1	广西贵港国家生态工业园（制糖）示范园区	环函〔2001〕170号	2001年8月14日
2	鲁北企业集团公司	环函〔2003〕324号	2003年11月18日
3	南昌高新技术产业开发区	环发〔2010〕45号	2010年4月1日
4	西安高新技术产业开发区	环发〔2010〕104号	2010年8月26日
5	合肥经济技术开发区	环发〔2010〕129号	2010年11月4日
6	东营经济技术开发区	环发〔2010〕149号	2010年12月25日
7	株洲高新技术产业开发区	环发〔2010〕149号	2010年12月25日
8	太原经济技术开发区	环发〔2011〕46号	2011年4月2日
9	武汉经济技术开发区	环发〔2011〕122号	2011年10月10日
10	贵阳经济技术开发区	环发〔2011〕122号	2011年10月10日
11	广州南沙经济技术开发区	环发〔2012〕64号	2012年5月30日
12	肇庆高新技术产业开发区	环发〔2012〕114号	2012年9月3日
13	青岛经济技术开发区	环发〔2013〕26号	2013年2月5日

续表

序号	名称	批建批号	批建时间
14	天津港保税区暨空港经济区	环发〔2013〕24 号	2013 年 2 月 6 日
15	沈阳高新技术产业开发区	环发〔2013〕24 号	2013 年 2 月 6 日
16	吴江经济技术开发区	环发〔2013〕24 号	2013 年 2 月 6 日
17	长春经济技术开发区	环发〔2013〕41 号	2013 年 4 月 9 日
18	广东东莞生态产业园区	环发〔2013〕53 号	2013 年 4 月 18 日
19	浙江杭州湾上虞工业园区	环发〔2013〕53 号	2013 年 4 月 18 日
20	上海市青浦工业园区	环发〔2013〕158 号	2013 年 12 月 20 日
21	昆山高新技术产业开发区	环发〔2013〕158 号	2013 年 12 月 20 日
22	赣州经济技术开发区	环发〔2013〕158 号	2013 年 12 月 20 日
23	乌鲁木齐经济技术开发区	环发〔2013〕158 号	2013 年 12 月 20 日
24	廊坊经济技术开发区	环发〔2014〕150 号	2014 年 10 月 14 日
25	山东茌平经济技术开发区信发工业园	环发〔2014〕150 号	2014 年 10 月 14 日
26	内蒙古鄂尔多斯上海庙经济开发区	环发〔2014〕150 号	2014 年 10 月 14 日
27	马鞍山经济技术开发区	环发〔2014〕150 号	2014 年 10 月 14 日
28	赣州高新技术产业园区	环发〔2014〕150 号	2014 年 10 月 14 日
29	张家港经济技术开发区	环发〔2014〕150 号	2014 年 10 月 14 日
30	珠海高新技术产业开发区	环发〔2014〕150 号	2014 年 10 月 14 日
31	成都经济技术开发区	环发〔2014〕150 号	2014 年 10 月 14 日
32	连云港徐圩新区	环发〔2014〕198 号	2014 年 12 月 18 日
33	芜湖经济技术开发区	环发〔2014〕198 号	2014 年 12 月 18 日
34	潍坊经济开发区	环发〔2014〕198 号	2014 年 12 月 18 日
35	昆明经济技术开发区	环发〔2015〕83 号	2015 年 7 月 3 日
36	上海市工业综合开发区	环发〔2015〕83 号	2015 年 7 月 3 日
37	蒙西高新技术工业园区	环发〔2015〕83 号	2015 年 7 月 3 日
38	嘉兴港区	环发〔2015〕83 号	2015 年 7 月 3 日
39	杭州钱江经济开发区	环发〔2015〕83 号	2015 年 7 月 3 日
40	杭州萧山临江高新技术产业园区	环发〔2015〕83 号	2015 年 7 月 3 日
41	徐州高新技术产业开发区	环发〔2015〕120 号	2015 年 9 月 21 日
42	锡山经济技术开发区	环发〔2015〕120 号	2015 年 9 月 21 日
43	吴中经济技术开发区	环发〔2015〕120 号	2015 年 9 月 21 日
44	天津子牙经济技术开发区	环发〔2015〕120 号	2015 年 9 月 21 日
45	长沙高新技术产业开发区	环发〔2015〕120 号	2015 年 9 月 21 日

通过统计发现，生态工业示范园区的分布极不均衡，主要集中在我国东南部和中部，已批准命名的 13 个省（直辖市）的共计 48 个园区中，江苏省命名园区数量为 20 个，占比 42%，如果加上批准建设的，江苏省也达到 27 个，占已命名和批准建设总量的近三分之一（29%），各地国家级生态工业示范园区分布情况如图 1-1 所示。

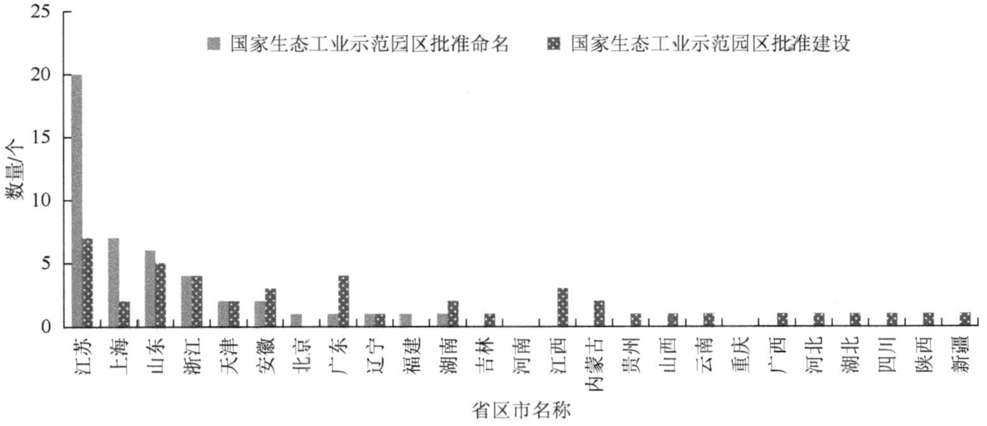

图 1-1 国家级生态工业示范园区各地分布情况示意图

除大力推进国家级生态工业示范园区的建设外，我国生态工业园区的管理体系也在不断地建立和完善中。2006 年 6 月～2007 年 12 月，国家环保总局发布了有关生态工业园区的标准《行业类生态工业园区标准（试行）》（HJ/T 273—2006）、《综合类生态工业园区标准（试行）》（HJ/T 274—2006）、《静脉产业类生态工业园区标准（试行）》（HJ/T 275—2006）及《生态工业园区建设规划编制指南》（HJ/T 409—2007）四个纲要性文件。2009 年 6 月，环境保护部发布了《综合类生态工业园区标准》（HJ 274—2009），代替《综合类生态工业园区标准（试行）》（HJ/T 274—2006）。2015 年 12 月，环境保护部发布了《国家生态工业示范园区标准》（HJ 274—2015），代替《行业类生态工业园区标准（试行）》（HJ/T 273—2006）、《静脉产业类生态工业园区标准（试行）》（HJ/T 275—2006）和《综合类生态工业园区标准》（HJ 274—2009），批准建设的国家生态工业示范园区按照此标准执行，已批准建设和已命名的国家生态工业示范园区自 2019 年 1 月 1 日起执行此标准。

2007 年，国家环保总局、商务部和科学技术部联合发布了《关于开展国家生态工业示范园区建设工作的通知》和《国家生态工业示范园区管理办法（试行）》；2008 年 8 月《中华人民共和国循环经济促进法》发布，其中第二十九条为生态工业园区的建设提供了法律依据和指导，它明确指出“各类产业园区应当组织区内企业进行资源综合利用，促进循环经济发展。2015 年 12 月，环境保护部、商务部和科学技术部联合修订了《国家生态工业示范园区管理办法》。国家鼓励各类产业园区的企业进行废弃物交换利用、能量梯级利用、土地集约利用、水的分类利用和循环使用，共同使用基础设施和其他有关设施”。至此，综合性的国家生态工业示范园区管理机制初步形成。

1.4　开展生态工业园区研究的必要性

1.4.1　生态工业园区是循环经济发展模式的实现形式

在人类社会发展的历史长河中，经济发展与环境之间的关系大致可以分为三种模式：传统经济模式、末端治理模式和循环经济模式。传统经济模式是从自然环境中获取资源后直接排放废弃物，末端治理模式则是在生产过程的末端将废弃物处理后排放，这两种方式都是从自然环境中攫取资源，再大量排放废弃物进入环境。第二次工业革命后，迅猛增长的世界人口数量和经济规模，已经大大超越了环境的承载能力，生态环境日益恶化。不断爆发的环境危机使人类认识到传统经济模式难以为继，人类必须探寻一种新的经济增长方式，循环经济模式应运而生。

循环经济是按照自然生态物质循环方式运行的经济模式，它要求遵循生态学规律，合理利用自然资源和环境容量，在物质不断循环利用的基础上发展经济，使经济系统和谐纳入自然生态系统的物质循环过程中，实现经济活动的生态化。其本质上是一种生态经济，倡导一种与环境和谐的经济发展模式，遵循“减量化、再使用、资源化”原则，采用全过程处理模式，以减少进入生产流程的物质量、不同方式多次反复使用某种物品和废弃物的资源化为目的，是一个“资源—产品—废弃物—再生资源”的闭环反馈式循环过程，实现从“排出废弃物”到“净化废弃物”再到“利用废弃物”的过程，达到“最佳生产、最适消费、最少废弃”的目的（冯之浚，2006）。循环经济的提出为工业化以来的传统经济转向可持续发展经济提供了战略性的理论范式，从根本上缓解了资源约束与经济发展之间的尖锐冲突，是经济发展理论的重要突破，它打破了传统经济发展理论将经济和环境系统人为割裂的弊端，要求将经济发展建立在自然生态规律的基础上，促使大量生产、大量消费和大量废弃的传统工业经济体系转轨到物质的合理使用和不断循环利用的经济体系。

循环经济的具体活动主要体现在三个层面，即微观层面的企业清洁生产、中观层面的生态工业园区建设和宏观层面的整个国民经济的物质与能量循环。我国是国际上公认的清洁生产搞得较好的发展中国家之一（段宁，2001），但清洁生产是在企业内部进行，受技术工艺水平和企业内循环成本的限制，有一定的局限性。而社会循环体系的实现存在宏观的、整体的和其他诸多方面的问题，需要政府综合全国的实际情况和各地的差异来制定相关政策及法规，更需要包括政府在内的所有参与者共同努力，其实现的模式和完成的过程极其复杂，短时间内难以实现。

生态工业园区是在一定区域内通过构建企业之间的物质代谢和工业共生关系，形成生态工业链，将上游企业无法内部代谢的废弃物作为下游企业的原材料或能源，从而最大限度地减少区域内废弃物的产生和排放。因此，生态工业园区是循环经济在中观层面上的实现形式，并且在实现的时间、实现的可能性及实现的效果上都是可达的，是循环经济实现的最有效形式，在循环经济的发展中起着极其重要的作用，是世界工业园区的发展方向。

1.4.2 生态工业园区的稳定性和调控是实现生态工业园区可持续发展的内在约束

生态工业园区的稳定性和调控是决定生态工业园区建设及健康、持续发展的重要约束因素。随着生态工业园区在国内外的广泛实践，生态工业园区建设成效状况和运行情况成为未来重要关注点。在生态工业园区的建设与发展过程中，各方参与者存在诸多利益冲突，园区内的企业以追求自身利益最大化为目标，对其副产品、部分废弃物采用不同的处理方法。怎样使生态工业园区更加稳定运行和持续改善成为关键问题，从而更好地优化产业结构、提高资源与能源利用效率、减少环境污染、改善环境质量和为社会服务等。

本书研究采取理论论证和定量分析相结合的研究方法，借鉴和运用生态学、管理学、环境科学、经济学和数学等多学科工具进行理论论证，并辅以长沙经济技术开发区（简称经开区）生态化改造的实证研究，试图通过借鉴其他学科的定量分析工具和数学模型方法，对生态工业园区系统稳定性与调控给出一些定量化的结果，并提出若干思考与建议，可为生态工业园区的规划与运行提供科技支撑及决策参考，增强生态工业园区规划建设的科学性。

1.5 研究内容与方法

1.5.1 研究内容

生态工业园区正成为许多发达国家工业园发展和改造的方向，也必然是我国第三代工业园发展的主要方向。通过规划建设新的生态工业园区或对原有工业园区进行生态化改造，以提高生态效率，实现物质与能量利用的最优化、工业的“零污染”及信息的高效传递与价值增值，是解决我国经济发展中资源与环境问题的重要途径。

通过对生态工业园区发展现状及相关理论研究的分析可以看出，当前各国对发展生态工业园区的重要性已经获得了比较一致的意见，都将生态工业园区的发展作为循环经济模式的实现途径，积极规划新的园区或推进原有工业园区的生态化改造。但现有园区的运行效果却并不尽如人意，真正被接受的成功的生态工业园区可谓凤毛麟角。究其原因，在于尽管很多学者对园区系统的稳定性与调控进行了若干研究，但在实际应用过程中还有这样或那样的问题存在，到目前为止并没有一致有效的调控方法和手段。本书在系统梳理生态工业园区及其系统结构与功能现状的基础上，从以下几个方面进行研究。

（1）从人工生态系统的角度来诠释生态工业园区稳定性的含义，可避免以往有关稳定性的定义过于抽象的问题，从抗干扰能力、经济生产力和环境效益三个方面衡量园区的稳定性，使稳定性成为一个可度量的概念。生态工业园区稳定性的实现依赖于生态工业链的稳定运行，生态工业链的稳定性是生态工业园区稳定性的集中体现。利用动态规划模型，衡量生态工业链的稳定性并考虑一定条件下的改善方案。

（2）从拓扑学的角度对生态工业园区的结构进行分析，可将园区的结构分成核心企业、主生态工业链及社团结构三个层次，使园区系统结构更为清晰，维护系统的稳定运行。

（3）从稳定性角度探讨系统实现其功能的路径，利用园区系统的分层结构快速找到调控目标，及早发现问题并进行预防和调控，确保系统的稳定运行。

（4）对生态工业园区中水资源梯级利用模式的探讨，可为园区建立水资源梯级利用体系提供参考；对参与博弈的各利益主体的经济学动因进行分析，可提供水资源梯级利用体系良性运转的参考条件。并且，这一体系可应用于其他资源，维护梯级利用体系的良性运转。

（5）从生态工业园区结构的低碳化和功能的低碳化两个方面来探讨低碳型生态工业园区的构建，促进园区的低碳转型，引领园区向更高层次的稳定状态演替，更好地实现区域可持续发展。

上述研究中，前两项属于园区系统的稳定性研究，后三项属于园区系统的调控研究，其结果如下：①可为我国生态工业园区系统稳定性分析和调控提供较为科学有效的决策参考，增强我国生态工业园区建设的科学性，提高我国生态工业园区实际工作的效益；②实例研究成果可以直接为长沙经开区的规划和发展提供指导及建议，在对长沙经开区进行全面系统的分析之后，可从拓扑结构的角度指导建立长沙经开区的生态工业链及实施补链措施，从资源梯级利用的角度设计园区的水资源代谢系统，从低碳转型上探讨长沙经开区的低碳化发展方案等，具有很重要的现实意义。

1.5.2 研究方法

生态工业园区是以清洁生产、循环经济理论及生态工业学为基本理论建立起来的循环经济实现形式，在生态工业园区的理论发展与实践过程中，不断地融合了可持续发展理论、产业集群理论、交易费用理论、系统工程理论等其他学科的内容，以最终实现经济效益、环境效益和社会效益的统一。因此，生态工业园区的发展具有典型的多学科交叉性、挑战性、实用性和学科前瞻性等特点。

本书生态工业园区研究属于应用基础性研究，采取理论论证和定量分析相结合的研究方法，借鉴和运用生态学、管理学、环境科学、经济学和数学等多学科工具进行理论论证，并辅以实证研究。生态工业园区的研究兴起于20世纪90年代，国内研究时间不短，研究成果大多为描述性分析。本书试图通过借鉴其他学科的定量分析工具，对生态工业园区建设与调控过程中的种种问题，给出量化的结果。

（1）利用动态规划模型，给出了一定成本与风险条件下的生态工业链稳定性的最优化结果。

（2）利用正最大特征值及其特征向量和页面排序算法（PageRank）的相关理论，得到了园区系统内企业的重要性排序。

（3）利用 MatLab 软件编程，识别出包含核心企业的主生态工业链。

（4）基于标准 Laplace 矩阵的谱平分法，对园区系统内的社团结构进行划分，将园区合理地分成若干个子系统，使调控目标更为明确。

（5）利用 Shapley 值法分析生态工业链上企业合作的动因及对风险的联抗机制，并对链上效益进行合理分配，进一步剖析了对风险的抵抗力。

（6）利用纳什均衡等博弈论工具，将资源梯级利用的概念模型数量化，得到参与梯级利用体系的利益相关者的经济学动因，并对其行为进行合理的解释。

2　生态工业园区系统结构与功能

2.1　生态工业园区系统功能特性

系统内部的关系集可以称为系统的结构，系统的整体关系集可以称为系统的功能。凡是系统必有结构，系统的结构决定系统的功能，系统的功能是系统结构的外在表现；系统的结构和功能本质上是统一的。

与传统的工业园区和自然生态系统相比，生态工业园区的运作是由体现生态学原则的园区设计来实现的。生态工业园区的系统功能特性主要体现在以下几个方面。

2.1.1　循环性

循环性是生态工业园区的重要特性，其目标是把最主要的“营养物质”保存在系统内部。循环性包括三方面的内容。

（1）物质循环。目前工业发展所依赖的石化、矿物资源是有限的，但工业生产总是在不断地消耗这些资源，同时经过生产和消费等环节后又大量地产生废弃物，解决这一矛盾的关键就是要实现废弃物资源化和工业体系内的物质循环。

（2）合理用能。能量虽然不能循环使用，但是可以根据能量品质的不同实现梯级用能、回收生产过程的废热或利用废弃物充当能源，合理用能是节约能源的重要途径。

（3）信息共享与反馈。现代社会中，信息作为一种特殊的资源，可以被无限分享，信息的传播将部分减少物质和能量的流动，同时也是生态工业稳定发展的有力保证。

2.1.2　链接性

设计生态工业园区必须首先考虑园区成员间在物质和能量的使用上是否形成类似自然生态系统的“生态链”或“食物链”，只有这样才能实现物质与能量的封闭循环和废弃物最少化。有市场供需关系的园区成员在地域上是否邻近、园区成员间是否具备供需关系和供需规模以及供需关系的稳定性均是影响生态工业园区发展的重要因素。特别是废弃物、副产品的供需关系影响到园区的废弃物再生水平，如果供大于求，即废弃物的产生量大于相关企业的需求、消纳能力或者是种类上不匹配，废弃物减量化目标将难以实现。生态链原则要求工业园区成员匹配，因此生态工业园区设计的关键是企业、行业的匹配，在区域已有的企业中或者是区域外有发展潜力的行业中找出已有或可能的废弃物流动关系，通过专家分析，筛选出类别、规模、方位上相匹配的设计或改造方案。

原料链在生态工业园区中的配比取决于园区中不同产品、不同生产过程和不同企业对资源和能源需求的差异。原料链上、下游各企业间灵活与高效的合作关系是园区得以生存的基础。因此，相互耦合的企业所属的行业必须具有一定相关度，要做到废弃物有“用武之地”，并且可能“一废多用”，即一个企业排出的废料可应用到两个以上的原料链中，分别与两个或多个不同行业的企业耦合构成循环系统。确保所有物质都得到循环往复的利用，凸显最大的生态经济效益。

2.1.3 多样性

多样性是建设园区工业生态链网结构的基础。以经济价值作为唯一目标将使生态工业的多样性大打折扣。要实现工业经济的多样性，首先目标要多元化，以确保工业生态系统具有较高的柔性和适应性。因此，在发展经济的同时必须兼顾环境、生态、社会等多重目标，政府在制定政策的过程中应将这些内容涵盖进去。在园区建设中，可以引进不同的产品、不同的生产过程和不同的企业，利用它们对资源和能源需求的差异，实现优势互补，形成灵活、高效的合作关系。园区成员的组成和相互间的联系要多样化，而且要有创新性，不能一成不变，这样才能保证工业生态系统的平衡和稳定发展。

2.1.4 高效性

在追求经济成本优势和环境成本优势的市场环境中，仅仅是地域上的邻近已不足以确保现代企业竞争力。生态工业园区的设计在于形成高效的工作系统。园区内部存在很好的友邻关系，这主要指园区内企业、政府和社区间有着紧密、高效的合作和交流关系。因此，为确保生态工业园区的效率，园区在设计上必须考虑合作和交流的流畅。园区通道包括公路、轻轨、铁路和管道应靠近废弃物、废水或能量的利用者或供应者，同时对希望购买或售卖废弃物的个人和小商业者保持良好的通达性，包括物资流通和信息交流。

生态工业园区区别于传统的废弃物交换项目，它并不满足于简单地进行一来一往的资源循环，生态工业园区旨在系统地增加一个地区的总体资源。因此，园区将承担所在区域的经济发展、资源永续利用、社会安定的任务，它的运作将以园区所有成员包括企业、政府、社区为了减少废弃物和增加经济效益而进行的密切合作为基础。在运转机制上，生态工业园区则是一个有着高效的物质流、能量流和信息流的网络，而网络的组织和各个节点的绩效则是决定生态工业园区效率的关键因素。

生态工业园区可能拥有许多特点，但最重要的特点是行业内部和行业之间的合作以及它们与自然环境的互动。合作和互动是自愿甚至自发的，成员有着较高的积极性以保证园区的效率，其动力本质上在于经济利益。通过废弃物及副产物的交换、信息的交流、管理的配合，几乎每个成员包括企业、政府和社区都会获利。首先，企业会因为降低废弃物处理成本、获取新的收入来源和原材料与物资的新来源而大大降低生产成本，获得经济利益。据 1996 年在美国召开的生态工业园区专题讨论会的报道，一个类似于丹麦卡伦堡共生体系的园区每年净经济效益估计在 8200 万美元，投资回报率为 66%，回收周期约为 1.68 年。其次，园区的建设会创造新的合作关系，促使现有工业的扩展和产生新的地方产业；同时，废弃的能源和副产品的利用策略将使许多原来堆积如山的废弃物得到回收利用，其经济价值得以再生，政府也将获得更多财政税收。再次，工业的扩展和新产业的诞生，将产生许多不同技能要求的有着良好工资待遇的工作机会，缓解社会就业压力；社区会因为居民的安居乐业和废弃物处理的高效、低成本而蓬勃发展。最后，随着园区的发展，环境质量会因有限资源需求、固体废弃物和污染压力的减少而有所改善，最终实现经济利益与环境绩效的统一。

2.1.5 地域性

生态工业园区要根据当地实际的自然条件和技术条件，科学合理地选择和调整产业结构及产业布局，以获得地尽其利、物尽其用的最大经济效益，同时保护良好的生态环境。生态工业园区不是封闭的体系，它通过生态链将周边区域内的企业纳入到整体生态工业大循环中，使地区经济发展和环境保护融为一体，共同繁荣。

2.1.6 进化性

生态工业的实现具有进化性。工业生态系统中的进化思想主要体现在更多地依靠可再生资源的持续利用以及废弃物资源和能源的开发，以达到物质的循环。人们的观念不断更新，对资源和环境问题的认识也逐渐深入。工业生态系统将调整自身以适应当地自然资源的再生周期，减少使用不可再生资源，当然这种调整要受到技术、经济等各种因素的制约，并不是短期内能够完全实现的。此外，生态工业园区的发展也是一个动态过程，必然会有成员的更新、调整和淘汰，成员间的合作关系也需要经过一段时间的磨合和适应。

2.2 生态工业园区结构设计

在生态工业园区中，资源与废弃物的概念不再完全对立，一个企业的废弃物可能成为另一个企业的资源；或者说，工业生态系统中所有的废弃物都是放错了位置的“资源”。园区系统内的企业具有不同的功能，彼此间基于副产品交换（废弃物利用）形成了共生关系，不同行为者之间的物质流远远大于出入系统的物质流。理想的生态工业园区通过采用技术替代资源、服务替代产品、重复利用物质和能源等的方式，尽可能地接近“完全循环”的运行方式，以便园区系统能够长期维持下去，即形成可持续发展的态势。

2.2.1 生产者、消费者与分解者

一个生态工业园区的规划、建设和运营受政策、市场等多方面的影响，不同生态工业园区的系统结构设计也不同。但生态工业园区内的企业成员按其功能不同，可以分为三种类型——生产者（资源生产企业）、消费者（加工生产企业）和分解者（还原生产企业）。这些企业及企业间的共生关系构成了生态工业园区的结构。资源生产企业是指园区中为工业生产提供初级原料和能源的企业，相当于生态系统中的初级生产者；加工生产企业是指园区中对资源生产企业提供的初级资源进行加工，以生产满足人类生产生活必需品的企业，相当于生态系统中的消费者；还原生产企业是指园区中对各种副产品进行资源化或无害化处理，或是进行再加工使其转化为新的工业品的企业，相当于生态系统中的分解者。

2.2.2 工业共生

生物学上的共生是指不同物种因不同的相互获益关系生活在一起，从而形成对双方或一方有利的生存方式。自然生态系统中，共生是普遍存在的种间关系，有互利的，也有对抗的，还有各种过渡形式的共生关系。

生态工业园区中的工业共生是指不同企业之间的合作关系。参与企业通过这

种合作来提高自身的生存及获利能力；此外，企业之间合作的主要内容是相互利用副产品或废弃物，因此可以实现资源的节约和环境的保护。工业共生一般是双方都获得正的相互作用，即双方获益。

王兆华（2002）根据共生参与企业的所有权关系，将工业共生分为自主实体共生和复合实体共生两种类型。自主实体共生指的是参与企业都具有独立的法人资格，企业间不具有所有权上的隶属关系；企业间的合作关系不依靠上级公司的行政命令约束，完全由利益机制驱动，如果利益得不到满足，企业可以结束这种合作关系；随着企业业务的扩展，企业也可以寻找更多的伙伴加入这一“共生系统”中来满足其发展的需求。复合实体共生指的是所有参与共生的企业隶属于同一家大型企业，是该大型企业的分公司或某一生产部门；共生关系存在与否完全取决于上级公司的战略意图；一般是由于上级公司优化资源、整合业务的需要，或者是迫于环保的压力而进行的，参与企业往往没有自主权。

夏训峰等（2006b）根据系统内产业的相互关系及共生双方的利益关系，将共生模式分为四种类型：①互利型，参与主体在组织结构、经营方式及方向、规模和技术水平等方面相互适应，实现资源与信息的共享；②寄生型，寄生企业与寄主企业相互适应，组成一个有机联系的有序系统；③附生型（异生型），企业间通过前后关联的产业构成一个连续的链状系统，通常由核心企业和附属企业构成；④混合型，即上述三种共生关系同时存在于一个园区系统内。

2.2.3 核心企业（关键种）

关键种理论是生态学的基本理论之一，它确定了关键种在生态系统中的地位及作用。关键种指的是一些珍稀的、特有的、庞大的且对其他物种具有不成比例影响的物种，在维护生物多样性和生态系统稳定性方面起着至关重要的作用，它的消失或削弱可能会引起整个生态系统发生根本性的变化。关键种一般有两个显著的特点：它的存在对于维持生态系统群落的组成和多样性具有决定性作用；它同群落中的其他物种相比是重要的，但这种重要性又是相对的，是有可能被替代的。

在规划建设生态工业园区或对原有的工业园区进行生态化改造时，选定“关键种”（核心企业）作为生态工业园区的主导企业，以此为基础来构建生态工业共生体是十分重要的。核心企业是指园区内使用和传输的物质最多、能量流动的规模最大、共生关系最复杂、能够带动和影响其他企业发展的企业，在园区中居于核心地位。特别地，核心企业是生态工业的“链核”，对生态工业链（或共生体）的构建及园区系统的稳定性等都起着关键作用。

2.2.4 企业生态位

生态系统中的生态位指的是群落中某种生物所占的物理空间、发挥的功能作用及在各种环境梯度上的出现范围。其包括两方面含义：生物和所处生境之间的关系；生物群落中的种间关系。大多数生态系统同时拥有不同生态位的物种，物种生态位不同，不仅可以避免相互之间的竞争，还因提供了更多能量流动和物质循环的选择途径而有助于生态系统的稳定。

与自然生态系统类似，工业生态系统中的每个企业都有其自身的生态位。企业生态位定义为：可被利用的自然因素和社会因素的总和。企业生态位包括“态”和“势”两个方面。企业的态是指企业的资源与能源占有量、人员、资金和科技力量等；企业的势是指企业中能量物质交换速率、生产率、人员变动率和经济增长率等。态和势的有机结合反映的是企业的生态位宽度，即生态位的大小。生态工业园区应尽可能地构建不同生态位企业组成的系统结构，实现错位经营，避免因不必要的竞争而使系统内耗太多，保持园区及园区内企业的竞争能力。

袁增伟等（2004）提出了基于社会子系统、环境子系统、经济子系统及资源子系统的四维一体式生态工业园区复合生态系统结构框架，并从生态系统功能流的角度分析了园区中的物质流、能量流和信息流，阐述了技术流和知识流对园区系统功能的重要性。因而，生态工业园区不仅具有工业生态系统的结构，同时也具备其功能，因而生态工业园区是一个工业生态系统。

2.2.5 生态工业链

自然系统中，植物所固定的太阳能通过一系列取食和被取食的关系在生态系统中传递，生物之间的这种传递关系称为食物链。生态系统有许多食物链，各个食物链彼此交织在一起，相互联系而形成食物网。自然系统依靠食物链、食物网，实现物质循环和能量流动，维持生态系统稳定。

食物链及食物网理论用于工业系统，设计人员借鉴自然系统的食物链、食物网原理，依据工业系统中物质流、能量流、信息流的规律和各成员之间的类别、规模、方位是否匹配，在各企业部门之间构筑生态工业（产业）链，横向进行产品供应、副产品交换，纵向链接第二、第三产业，实现物质、能量和信息的交换，完善资源利用和物质循环，建立生态工业系统。

构筑生态工业链，即建立物质循环生态工业链、能量梯级利用生态工业链、水循环利用生态工业链和信息链。

2.2.5.1　物质循环生态工业链

物质循环生态工业链是指生态工业园区、生态工业网络中的各成员之间进行物质传递、供应、副产品交换建立的生态工业链。例如，卡伦堡生态工业园区中，炼油厂燃气→发电厂，发电厂粉煤灰→水泥厂，发电厂石膏→石膏板厂，炼油厂硫→硫酸厂，生物制品厂酵母→养猪厂，生物制品厂发酵污泥→地方农场。又如，日本太平洋水泥生态工业园区中，火电厂、化学厂、钢厂、有色金属冶炼厂、造纸厂、汽车制造厂、炼油厂的副产品及市政废弃物作为粗材料输入发电厂。

2.2.5.2　能量梯级利用生态工业链

生态工业园区、生态工业网络成员依据能量的品质差异，进行“能量层叠”梯级利用，如热电联产、热电冷三联供。例如，包头生态工业范园中铝电直供、集中供热取代了大量的小型锅炉，制止了污染，达到了经济与环境“双赢”目的。

2.2.5.3　水循环利用生态工业链

水如同能量一样，存在不同等级。通常只考虑饮用水和废水 2 个等级，实际上，水有 5 个质量等级，具体如下。

（1）超纯水，用于制造半导体芯片。

（2）非离子水，用于生物研究或制药。

（3）饮用水，用于餐饮、淋浴。

（4）洗涤用水，用于清洁卡车、建筑物等。

（5）灌溉用水，用于草坪、灌木、树的浇灌。

生态工业园区中，通过构筑水循环利用生态工业链，循环利用、分级使用水资源，既可节约水资源，又可提高水的利用率。

2.2.5.4　信息链

信息是生态工业园区内进行物质、能量、水顺利交换的基础。

生态工业链是生态工业园区的骨架，在构筑生态工业链时还应遵循以下原则。

（1）构筑工业链的各企业内部要实现清洁生产，所生产的产品是绿色（生态）产品。

（2）生态工业链的长短依据技术经济分析而定。

（3）园区内各成员之间的类别、规模、方位上要相匹配。

（4）具有灵活性的弹性，当园区内任何一个企业生产状况发生变化，如废料构成、性质改变时，与其相联系的企业能及时调节，保证整个系统的平衡。

目前构筑的所有生产工业链的不足是生态工业链短、单一，缺少灵活性，直接影响着生态工业系统的稳定。在生态工业园区中应设置调节手段，如多渠道的原料、产品及副产品的输入和输出调节链，其作用是当生态工业园区的工业链中断或部分脱节时，由调节链填补空位或构筑新的工业链。另外，还可以根据市场供求关系加链或减链等。调节链对增加系统弹性、保证系统稳定性是很必要的，也是目前推进生态工业发展必须考虑的。

总之，依据工业系统中物质流、能量流、信息流的规格和构筑生态工业链的原则构筑生态工业链，以实现园区内物质循环使用、能量高效利用、废物排放最少化和系统的稳定性。

2.2.6 工业生态系统稳定性

生态系统多样性是指生境的多样性、生物群落的多样性和生态过程的多样性。生境的多样性是生物群落多样性的基础。生物群落的多样性是指群落的组成、结构和功能的多样性。它们的生态过程是指生态系统组成、结构和功能在时间、空间上的变化，主要包括物种流、能量流、水分循环、营养物质循环，以及生物间的竞争、捕食和寄生等。生态系统的多样性决定了生态系统的稳定性。

工业生态系统的多样性主是指其产品类型、产品结构的多样性，生态工业园区类型的多样性，园区内组成成员的多样性，园区企业多渠道的输入输出，园区内管理政策的多样性等。

工业生态系统作为实现经济与环境双赢的实践形式，应形成新的多样性格局，通过建立这种多样性格局，提高工业生态系统的稳定性。具体建议如下。

（1）在设计生态工业园区时，首先要根据当地的资源、能源等状况，设计多种产品，构建多样化的产品结构，产品结构越复杂，产品市场适应能力越强，越有利于工业生态系统的稳定。

（2）构建多样性的生态工业园区，如石化生态工业园区、制糖生态工业园区、高新生态工业园区等。

（3）建立生态工业园区之间协同作用的多样性，保持生态工业园区之间互相联系，协调发展。

（4）建立生态工业园区或网络中企业或企业种群之间多渠道的输入输出。

（5）园区管理政策的多样性。

2.3　工业生态系统稳定性研究

2.3.1　生态工业园区系统稳定性研究

工业生态学理论是生态工业园区建设和发展的最重要的理论基础之一，关于生态工业园区稳定性的讨论也主要是建立在自然生态系统稳定性的基础之上。然而，关于自然生态系统稳定性的定义并未有定论，绝大多数是从生态系统结构和功能的动态平衡来定义的。MacArthur（1955）首先提出生态系统的稳定性，并将其定义为种群与群落抵抗干扰的能力。这是一种笼统的说法。之后，围绕稳定性的研究各国学者做了很多工作，结果也存在很大差异。直到 May（1973）和 Orians（1975）进行研究，才使自然生态系统稳定性的概念具体化，他们明确提出的自然生态系统稳定性的定义主要集中在系统对干扰反映的两个方面：①生态系统对干扰的抵抗能力，即抵抗力；②干扰消除后生态系统恢复到干扰前的能力，即恢复力。此后，尽管表述方式有所不同，但对自然生态系统稳定性的研究主要集中在抵抗力与恢复力两个方面。

生态工业园区的出现始于 20 世纪末，这时其自身发展还处于摸索阶段，因此有关生态工业园区稳定性的内涵界定的文献并不多见，且对其进行研究的研究者主要是国内的专家学者。

肖忠东（2002）指出，工业生态系统稳定性是指当一个工业生态系统外部环境出现不同程度的变动时，系统内维持稳定状态的能力。这一定义以稳定状态来定义稳定性，难以对稳定性的内涵进行界定。

杜旻（2003）借鉴自然生态系统稳定性的定义，从抵抗力和恢复力两个方面来界定工业共生系统的稳定性。工业共生系统的抵抗力，指当变动发生后系统的承受能力；工业共生系统的恢复力，指系统在遭受外部干扰并出现不同程度的损坏后，系统针对这种损坏自行恢复的能力。并且他指出，系统修复能力的高低由系统自身的协调性决定，共生系统中企业间相互的替代能力越高，则系统的修复能力也越强。

武春友等（2005）认为，工业生态系统的稳定性指的是处于平衡状态中的工业生态系统在出现干扰的情况下，保持自身当前状态的能力。这个定义偏重于对“抵抗力”的研究，而一定程度上回避了对“恢复力”的研究。这主要是从两个角度考虑的：①从管理实践需求的发展阶段上看，目前世界范围内工业生态系统（主要是生态工业园区）的建设处于兴起的阶段，企业参与热情高、政府支持力度大、民众关注度高，使工业生态系统在快速推广中所出现的稳定性问题主要是系统刚刚建设完成之后的“抵抗力”问题。因此，从发展阶段上看，当前的实践需求集中在对干扰的“抵抗”上，还未达到平衡状态被破坏后所要进行的必要“恢复”的阶段。②从科学研究阶段的划分上看，“恢复力”的研究涉及工业生态系统的发展进化问题，而“抵抗力”的研究正是“恢复力”研究的不可回避的前期基础工作。所以，系统如何“抵抗”失稳问题的研究，是为下一步研究系统如何“恢复”稳定做理论准备的。

邓华（2006）肯定了肖忠东用“能力”来界定工业生态系统稳定性的意义，同时也用“原有平衡状态”代替了“稳定状态”。他指出工业生态系统稳定性指的是处于平衡状态中的工业生态系统在出现干扰的情况下，保持自身原有平衡状态的能力；并进一步对系统的原有状态做了界定，指明原有状态是一种系统内部资源流动有序、数量适当的平衡状态。其中“流动有序”是指系统内部各成员间的资源和能量按照既定的、固有的链接及循环模式进行分配和流动；如果分配和流动过程中出现干扰，如环节脱落、资源变质等，则链接现状必然被打乱，系统脱离平衡状态。“数量适当”是指参与生态化链接的各成员所输入输出的资源和能量都能在适当的时候抵达适当的位置，从而使各个环节的资源需求与供给变化达到一个相对平衡的状态；如果资源数量过多或者过少，则链接现状必然被打乱，系统脱离平衡状态。

综合来看，目前对工业生态系统（主要是生态工业园区）稳定性的界定尽管侧重点有所不同，但基本上都是围绕自然生态系统稳定性的“抵抗力”和“恢复力”来界定的。自然生态系统关于稳定性的结论主要建立在生物多样性原理的基础上，认为复杂性带来稳定性。但卡伦堡工业共生体的成功经验表明，工业生态系统的复杂性与稳定性并不具有直接的关系。

生态工业园区是典型的人工生态系统，本书拟从人工生态系统的角度来研究园区系统的稳定性，希望可以提供一个不同的研究侧面。

2.3.2 人工生态系统稳定性研究

稳定性是生态系统结构和功能中一个至关重要的特性，直接决定了生态系统的存亡，是生态学中最受关注的焦点。关于稳定性，Pimm（1991）总结出生态系统的稳定性定义至少有 45 种之多，基本上都是从自然生态系统的角度出发的。

事实上，还有另外一类与工业生态系统更为接近的生态系统，即人工生态系统。人工生态系统是在人类频繁干预下形成的，具有明显的社会性、综合性和易变性等特点：①社会性是指人工生态系统与社会制度、经济条件及人类科学水平等密切相关，其结构与功能都要受人类的干预。②综合性是指人工生态系统中自然因素和人为因素错综复杂、多种多样，导致其结构和功能是复杂的、综合的。

③易变性是指人工生态系统的自我调控能力很差，容易受环境因素及人类活动的影响，系统有很大的不稳定性；但新的平衡也很容易在人类的干预下再次形成。因此，人类对其稳定性进行调控是非常必要的。

冯耀宗（2002）对自然生态系统和人工生态系统的稳定性研究的侧重点做了总结，主要体现在以下三个方面：①人工生态系统通过反复进行人工播种、种植、栽培、管理直至收获这种连续不断的“动态”过程来反映系统的稳定性，并非“静态”地保持在（或恢复到）某一固定的平衡点。动态平衡是相对的、暂时的和有条件的，自然的或人为的因素都有可能打破这种平衡，产生一系列的连锁反应，直至新的平衡建立。因此，“静态保持”和“动态反复”是自然生态系统与人工生态系统稳定性研究中最本质的区别之一。②自然生态系统稳定性的研究主要是针对系统结构的稳定；人工生态系统的结构，如系统中种类的多少、种群密度和层次布局等，主要是受人的控制，所以人工生态系统稳定性的研究，主要针对的不是系统的结构，而是系统的功能。人工生态系统对结构研究的出发点也是为了维护系统功能的正常发挥。③自然生态系统中稳定性常用易变性、恢复力、脆弱性和可靠性等描述，这些概念不宜用来概括人工生态系统的稳定性。人工生态系统的稳定性概念应当体现动态的、发展的、整体的及因子间相互联系等主要特点，一般用系统运动效率、抗性、生物与非生物各要素之间相互作用等来描述系统动态平衡状况的综合特性。

由于人工生态系统与自然生态系统在稳定性上侧重点的不同，人工生态系统稳定的考量指标也不同于自然生态系统的“抵抗力”和“恢复力”指标，而主要采取系统生产力动态、系统抗干扰能力和系统环境动态三个指标，分别体现人工生态系统的运动效率、抗性和生物与非生物各要素间相互作用的不同特性。

系统生产力动态指的是在一定时期内生产力的变动状况。人工生态系统的生产力是社会资源与自然资源的利用效率，不仅取决于资源的输入数量，还必须考虑资源的转化效率。生产力稳定或继续增长的评为“高”；基本稳定，时有下降情况的评为“中”；动荡不定且有明显下降的评为“低”。与自然生态系统有所不同的是，人工生态系统的生产力更侧重其经济价值，也称为“经济生产力”。经济生产力是人工生态系统中最有价值的生产力指标。

系统抗干扰能力指的是系统抵抗自然灾害的能力。几乎所有有关生态系统稳定性的研究都涉及抗干扰这一指标。传统的干扰定义主要是指使生态系统的结构或功能特征产生突然变化，而对生态系统的平衡状态造成扰乱的非常规事件。一般与干扰相关的术语包括抵抗力、恢复力、弹性等，都是针对自然生态系统的。对于人工生态系统，更多的是采用在干扰前后生物量与生产力的变幅、种群数量的变动和多样性指数的变化等指标作为系统抗干扰能力的度量。

系统环境动态指的是系统内部的环境因系统结构的改变而改变的状态。如果向良性方向转变，说明系统稳定性高；如果向恶性方向转变，说明系统稳定性差。在已有的系统稳定性的研究工作中，极少有系统内环境状况和系统稳定性之间相互关系的研究。但是，从动态的、长期的角度来看，系统对环境的反作用可视为系统稳定性的一个重要方面。

2.4 工业生态系统调控研究

2.4.1 园区系统调控研究

与传统的工业园区不同的是，生态工业园区内企业不是完全独立运营的，其行为不仅影响其他企业，也受其他企业的影响。园区内企业间的联系有两种（武春友等，2005）：①上下游企业之间废弃物的流动（对下游企业来说，上游企业的废弃物是原材料），这是有形的资源联结纽带；②上下游企业之间的生态化链结技术，主要是针对不同的有形废弃物资源进行物理和化学状态的再塑，使上下游企业间流动的物质在新的生产环节能够进行使用价值的更新，这是园区内企业之间的无形联结纽带。

正是因为生态工业园区中企业之间的联结关系，园区可以获得比单个企业最优化之和还要大得多的群体效益，这种效益不仅仅是大得多的经济效益，还包括伴生的环境效益和社会效益。然而，比起企业各自独立经营的传统工业园区，生态工业园区在内部结构、技术构成和外部影响因素等方面也存在更苛刻的稳定边界条件，导致其系统稳定性更脆弱。工业生态系统没有自然生态系统漫长发展历程中凝聚的强大的自我调节功能，更因为主要受经济学规律制约的园区中企业必然以自身的经济效益为核心，会对环境变化做出最迅速的反应以适应新的环境，因而影响到与其联结的其他企业，加剧园区的不稳定性。

生态系统的自调节能力，是指当系统受到干扰时，系统结构将发生改变并引起其功能的变动，但依靠自身的调节能力，系统可逐步恢复到稳定状态，这一稳定状态可能是先前的稳定状态，也可能是某些结构与功能优化后的新的稳定状态。但是，人类活动频繁导致工业生态系统发展进程比自然生态系统要快得多，其自调节能力非常微弱。这就需要人类依照系统的调节规律，通过强化系统的结构与相应的某些功能要素，来增强系统的自调节能力，维护其正常的功能，也就是对系统进行适当的调控。

生态工业园区系统的调控，是指针对不断变化的内、外部环境因素，通过园区管理系统对园区做出一些系统结构和功能上的改变，或是通过反馈调节机制和系统自组织功能，保障系统的各种变化能限定在可容许的范围内，尽可能保持园区系统维持在相对稳定的动态平衡的状态，使其发挥正常的功能。目前，由于生态工业园区在世界范围内仍属于新生事物，对它的研究偏重于如何规划建设，尤其是对园区内生态工业链的设计，专门针对生态工业园区系统调控进行的研究并不多见，此类研究列举如下。

郭莉和苏敬勤（2005）用 Logistic 增长模型将工业共生模式分成平等型、依赖型、依托型和单向获利型四类，并指出对相关因子进行适度调整，可使园区系统维持稳定。

段宁等（2006）通过量表，对全国 47 个生态工业园区开展了大样本实证测量研究，并通过因子分析、相关分析和回归分析等统计学方法，获得了我国生态工业园区发展中对稳定性产生影响的主要因素类别及影响程度，并简要提出了相应的调控对策。

秦荪涛（2007）基于 Swarm 平台对园区进行了仿真试验，在试验中通过对环境因子等进行控制模拟了园区系统的调控机制。

单珊等（2008）从生态工业系统的整体结构和功能模拟优化出发，建立了生态工业系统动力学（system dynamic，SD）模型，并通过模型的原始运行和对灵敏度的分析，找出对园区发展影响较大的关键点及与之相应的参变量，以此为中心建立了一个多目标规划（multiple objective program，MOP）模型，通过求解 MOP 模型来获取关键点的最优解集，这也是生态工业园区在规划和宏观调控方面的一个不同的研究视角。

2.4.2 存在的问题

生态工业园区的研究文献自 20 世纪 90 年代开始逐渐增多，研究的重点是通过对园区内经济体系进行物质流和能量流分析，即水、物质、能量和副产品之间的相互交换，以提高物质和能量的利用效率。但现实的情况是生态工业链的副产品交换和能量梯级利用受到市场、地域距离、产业分布及技术革新等诸多因素的限制，使以卡伦堡为代表的生态工业经典模式难以应用和普及（Chertow，2000）。然而融合了诸多环境合作领域、涉及众多区域成员的工业生态网络在现实世界里却不断发展和壮大。生态工业的现实发展与理论研究之间在侧重点上存在较大的差距，有关生态工业及生态工业园区研究中的主要问题如下。

（1）对现有工业园区进行生态化改造的过程中，源于促进经济与环境“双赢”的概念，或借鉴一些成功的案例研究，界定了某些特定的生态工业网络的结构和功能，但缺乏对生态工业网络结构和功能的全方位测度，致使生态工业园区在构建和发展生态工业网络的过程中存在目标不明确、规划不具体和效果不明显的问题。

（2）系统稳定性不足引发了学术界对生态工业园区长期发展问题的关注。园区系统的不稳定主要表现在两个方面：①生态工业链脆弱且易于断裂，抗干扰能力不足。这主要是因为生态工业园区在规划与建设过程中过于强调副产品交换和生态环境效益，导致生态工业链不断延伸，而园区内企业数目和类型在某一结点企业的经营状况欠佳、技术或环境政策变动时，难以及时进行补位，进而导致整个生态工业链甚至是整个园区系统崩溃。这种情况尤其是在政府部门占据绝对领导地位的园区中易于发生。②园区技术创新动力不足。在园区内，企业间因副产品交换形成的共生关系而相互依赖，上游企业的工艺或产品改进将影响下游企业对废弃物的利用，企业收益可能因此减少，在一定程度上阻碍了园区创新能力的发展，使园区进化动力不足而面临不稳定的风险。

（3）如何促进现有工业园区的生态化发展，以及如何对已有的园区进行适当的调控，使其发挥作为工业生态系统的正常功能。实践中的生态工业网络关系丰富多样，参与成员各具特色，合作的方式涉及工业代谢、市场交换和战略联盟等，针对纷繁复杂的生态工业网络表现形式，企业管理者显然经验不足，亟须提高组织管理能力。

2.5 案例基本情况介绍

2.5.1 基本情况

本次以长沙经济技术开发区（简称长沙经开区）为例进行分析研究。长沙经开区创办于 1992 年，地处湖南省长沙市东郊的星沙镇（现为星沙街道）；1997 年 4 月被科技部批准为长沙国家高新技术开发区星沙高科技工业园，2000 年 2 月被国务院批准为国家级经济技术开发区，属商务部直接指导的国家级经济技术开发区之一，也是国家级高新技术产业工业园区。

随着生态工业园区试点的经济效益和环境效益显现及人们对生态工业和循环经济理念的不断深入理解，加之我国“十一五”期间节能减排的要求，生态工业园区建设进入了快速发展阶段。2007 年 5 月，国家环保总局、商务部、科技部联合发布了《关于开展国家生态工业示范园区建设工作的通知》（环发〔2007〕51 号），特别是 2008 年 5 月，国家环保总局、商务部、科技部联合在天津召开了国家生态工业示范园区建设工作会议，标志着我国 112 个国家级开发区生态化改造工作正式开始全面展开，长沙经开区也是其中之一。

2009 年 10 月，长沙经开区明确创建国家生态工业示范园区的目标，规划范围 40.9 平方千米，包括远大路以北、东八线以西 15.56 平方千米的核心区和远大路以南、东八线以东 25.34 平方千米的扩展区。2010 年 12 月，长沙经开区的国家生态工业示范园区建设规划通过了国家环保总局、商务部、科技部三部委组织的专家论证。2011 年 4 月三部委正式发文同意长沙经开区开展国家生态工业示范园区建设，并经长沙市人民政府《关于同意长沙经济技术开发区国家生态工业园区建设规划的批复》批准实施。2014 年 11 月通过了湖南省省级审核验收。2015 年 4 月 29 日、7 月 24 日分别通过了三部委组织的技术核查和现场验收。2016 年 8 月 3 日被三部委批准命名，是湖南省唯一一家被命名的国家生态工业示范园区。

长沙经开区主要经济指标连续多年保持快速增长，主要经济指标完成情况和经济发展情况分别见表 2-1 和图 2-1。

表 2-1　2010～2015 年长沙经开区主要经济指标完成情况

年份	2010	2011	2012	2013	2014	2015
国内生产总值/亿元	407.6	531.0	577.1	645.9	718.3	798.8
工业增加值/亿元	301.58	390.54	421.70	463.45	512.4	538.1
规模以上企业数量/家	101	104	109	140	145	152
年末全区从业人员/人	89 086	105 807	121 592	130 486	142 425	155 457

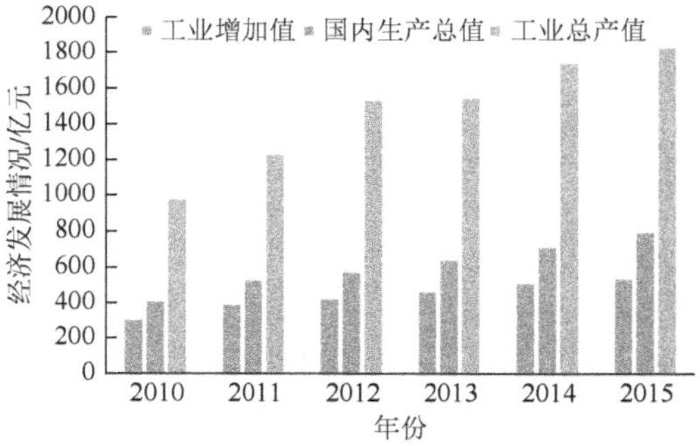

图 2-1　2010～2015 年经开区经济发展情况

2.5.2　经开区的工业生态系统现状

2.5.2.1　产业结构现状

经过多年的发展沉淀，长沙经开区逐步形成了工程机械、汽车及零部件、电子信息（含集成电路）“两主一特”产业格局，新材料、食品饮料等优势产业作为辅助，初步形成了横向成群、纵向成链的产业集群。

截至2015年底，长沙经开区注册企业2400家，比2014年增加564家。其中，工业企业486家，规模以上工业企业152家，高新技术企业98家，在园区投资的世界500强企业31家；食品饮料企业10家，轻印包装企业15家，其他企业44家。经开区工业总产值逐年提升，由2013年的1562亿元上升至2016年的2150亿元。产业结构不断优化，工程机械、汽车及零部件、电子信息产业比由2010年75∶10∶3调整为52∶21∶12，工程机械制造业“一业独大”的局面逐步改善，集成电路、大健康产业、住宅产业化、节能环保、新材料、现代服务业等新兴产业蓬勃发展，多点支撑的产业格局日趋完善，园区新的经济增长极正加快形成。“十二五”期间经开区规模工业企业增长和结构变化趋势如图2-2和图2-3所示。

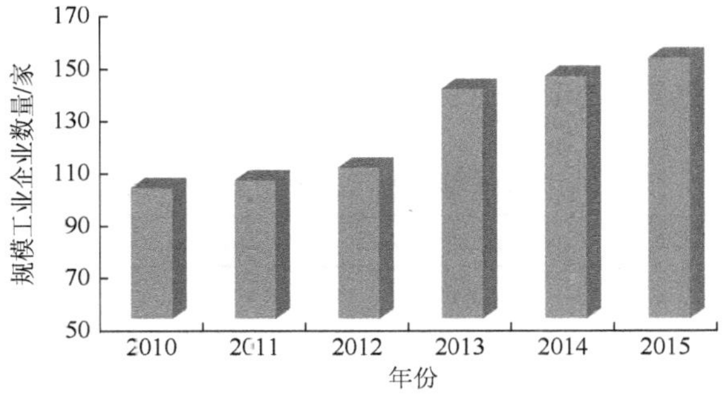

图2-2 经开区规模工业企业增长趋势

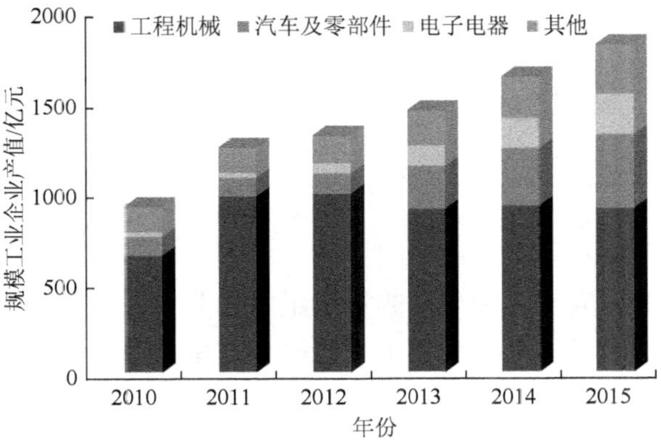

图2-3 经开区规模工业企业结构变化趋势

整体而言，经开区依然以工程机械、汽车及零部件、电子信息为主导，新材料、食品饮料、轻印包装等为补充的产业发展格局。据各产业规模工业企业工业总产值占比统计，长沙经开区产业结构变化如图2-4所示。

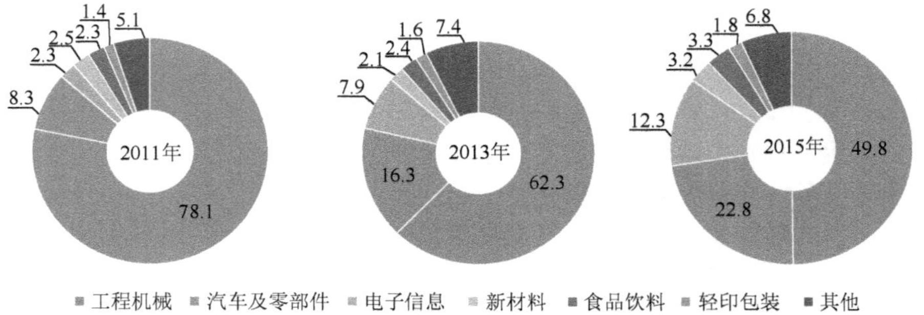

图 2-4　长沙经开区产业结构变化情况图

2.5.2.2　重点行业现状

长沙经开区 2015 年主要行业情况见表 2-2。

表 2-2　2015 年经开区主要行业情况汇总表

行业类别	规模企业数量/家	行业工业总产值/亿元	占全区比例/%	代表企业
工程机械	13	903.5	49.8	三一集团、中联重科、山河智能等
汽车及零部件	31	413	22.8	北汽福田、广汽三菱、广汽菲亚特、众泰汽车、博世汽配、汽电汽车零部件等
电子信息	25	222.3	12.3	维胜科技、长城信息金融设备、开元仪器、纽曼科技等
新材料	14	57.9	3.2	瑞翔新材、镁镁科技、柯盛新材等
食品饮料	10	59.7	3.3	可口可乐、百事可乐、娃哈哈等
轻印包装	15	32.6	1.8	星沙包装、金沙利彩印、金河包装
其他行业	44	123.2	6.8	远大空调、万容科技、航空凯天等

1）工程机械产业

工程机械产业作为装备制造业的重要组成部分，国内各区域通过实施产业化发展战略，逐渐形成了各具特色的工程机械产业集群基地，包括江苏徐州、广西柳州、湖南长沙、江苏常州、福建厦门、山东济宁、安徽合肥、四川成都、陕西西安、河南郑州十大生产基地。其中，长沙的工程机械制造业主要以混凝泵送机械和多功能小型挖掘机在国内外驰名。在中联重科、三一集团、山河智能等工程机械龙头企业的带动下，长沙基地的产业规模一直呈扩张趋势，行业整体经济绩效均强于全国平均水平，具有显著的行业地位。三一集团、中联重科、山河智能都是长沙经开区工程机械产业的核心企业，此外，园区内还有中铁轨道、恒天九五、运想重工等多家规模以上工业企业。长沙经开区工程机械产业企业重点发展混凝土输送泵、隧道岩石挖掘机、静力压桩机、汽车起重机等产品，占全国同行业市场总量的23%，占全球市场份额已达7.2%。三一集团、中联重科、山河智能这三家企业的市值超过全国工程机械上市公司市值的2/3。近几年，园区逐渐引入了一批专业化程度高、配套能力强的零部件企业，建设三一春华工业园、中联重科产业园、山河智能工业城等项目，为打造“世界工程机械之都”进一步夯实了基础，还引进了飞斯特机械、润力机械、银宝山新模具和星宇龙机械等工程机械零部件企业。同时，一些为汽车产业配套的企业，如容湘汽配、长平车身制造等，也为工程机械企业提供零配件；电子信息产业企业为工程机械产业产品提供电子配套产品；环境设施服务企业如凯天环保为其他企业提供生产烟尘治理设备及服务。园区正在建设的中国（长沙）工程机械交易展示中心，总投资60亿元，总用地面积2000亩（1亩＝666.7平方米），建成后将成为全国规模最大、配套最全、集纳全世界所有工程机械产业重点产品的一站式采购总部基地和主机生产基地。

2015年，园区拥有工程机械类规模以上企业共13家，工业总产值达到903.5亿元，占全区工业总产值的一半左右，产业主导地位明显，形成了良好的产业集聚效益，已经成为长沙工业快速发展的增长极。长沙市工程机械产业三大主机厂即湖南省三家上市工程机械企业三一集团、中联重科和山河智能全部落户于此，三一集团泵车市场占有率达95.5%，拖泵市场占有率达35.5%，已经成为国内工程机械产业领头羊；山河智能是国内最大的桩工机械生产企业，其液压静力压桩机在国内排名第一，市场份额占50%以上，小型挖掘机批量出口欧美等发达国家和地区，凿岩设备技术水平国际领先；中联重科的汽车起重机国内市场第一。

2）汽车及零部件制造业

长沙经开区是“湖南省汽车及零部件高新技术产业发展基地”，2015年园区内拥有汽车及零部件制造规模以上企业31家，工业总产值413亿元，占全区工业总产值的22.8%。园区内拥有北汽福田、广汽三菱、广汽菲亚特、众泰汽车等整车生产企业，以及博世汽配、全兴工业、住友橡胶、胜通汽配等一批零部件制造企业。汽车产业辐射并带动了周边15公里范围，聚集配套企业百余家，形成从零部件到整车生产的完整产业链。

3）电子信息产业

长沙经开区于2008年底被授予“湖南省级电子信息产业园”，电子信息产业曾一度作为长沙经开区的第一支柱产业，随着LG、HEG两家公司相继停产，该产业近几年曾一度沉寂，随着2012年底蓝思科技正式入驻，园区的电子信息产业再次发展壮大。2015年园区内共有规模电子信息企业25家，工业总产值为222.3亿元，占全区的12.3%。目前形成了以维胜科技、长城信息金融设备、开元仪器、纽曼科技等企业为主体的印制电路板、金融电子设备、专用仪器仪表、数字视听设备和网络产品等相关的电子信息产业群。

4）新材料产业

2015 年，园区内共有规模新材料企业 14 家，工业总产值 57.9 亿元，占园区内工业总产值的 3.2%。园区内新材料产业以先进储能材料为主，汇集有瑞翔科技、镁镁科技等国内外知名企业，锂离子电池材料等产品在全球有较高的市场占有率。而湘江关西和科星纳米的高档颜料、涂料，天盛的双金属复合带锯条，南方博云的碳/碳复合材料等产品也获得较高的行业信誉度，碳/碳刹车材料制备技术、电池及材料制备技术等处于国内领先水平。

5）食品饮料行业

2015 年园区内共有规模食品饮料企业 10 家，实现工业总产值 59.7 亿元，占全区的 3.3%，以可口可乐、百事可乐、娃哈哈、喜瑞来食品等企业为核心。

2.5.3 经开区发展中存在的主要问题

尽管经开区已经运行二十多年，并且在降低资源消耗和减少环境污染等方面取得了长足的进步，但在发展过程中依然存在着一些问题。

1）产业结构不平衡

从经开区目前的发展状况看，调整产业结构、促进产业升级步伐仍然较慢，特别是第二产业内部结构不够合理。工程机械和汽车及零部件行业是经开区两大支柱产业，电子信息、新材料、食品饮料等产业规模不大，不足以与工程机械和汽车及零部件行业形成互补，而且工程机械行业一枝独大的现状依然明显。经开区工程机械行业总产值占比逐步下降，但 2015 年占比仍接近一半，达到 49.8%。

经开区产业结构比较脆弱，缺乏柔性，抵御风险的能力薄弱。一旦工程机械行业的发展遇到波折，将在很大程度上影响到经开区经济的持续、快速、健康发展。

2）工业链缺乏连续性

经开区企业间在市场经济的自我调节机制下，出于降低成本和信息获取等各方面的考虑，以核心企业为中心，沿行业内部形成了一定的工业链。尽管这种以产品配套为基础的工业链也形成了上下游企业间的产品代谢和流动，但仍然存在诸多问题：①以产品经济价值的实现为目的，进行产品链的生态设计相对薄弱；②对整个产品链生命周期的环境友好性和环境承载力的关注程度仍需进一步加强，强化减量化、再利用；③以关注废弃物为特点的跨行业企业间的工业链仍需进一步完善；④产品链在延伸的过程中产生了大量废弃物，加大了末端治理的负担；⑤不同企业之间互换副产品的产业共生有待进一步增强，因为长沙经开区主导行业以离散型行业为主，企业生产过程中基本上只是物料的形状和组合发生改变，即最终产品是由各种物料装配而成，并无化学变化，使得企业间的物质能量交换较少。

3）资源能源利用率低

在水资源方面，经开区虽然已经开展了污水资源化的实践，但从长远需求来看规模偏小，目前区内存在取水结构中对新鲜水源的依赖较大、区内企业的水循环层次较低和循环利用率不高等问题，制约了经开区的可持续发展。

在能源方面，经开区已无煤炭使用，近年来通过加大太阳能、生物质能等可再生能源的开发力度，非化石能源占比虽然逐年上升，但比例仍然较低，只占总能耗的 1.2%，在能源结构优化方面仍需加大努力。

因此，从生态工业的角度来看，经开区在发展中需进一步加强对资源稀缺性和环境承载力的关注程度，目前仍没有突破传统工业的发展模式。区内能耗、水耗、物耗水平仍有较大的提升空间。应当按照资源利用最大化、产品高附加值化、处理处置无害化的原则，建立园区内的产业生态耦合、资源流动闭合网络，努力形成经开区内循环经济与生态工业体系。

4）产业集群发展缺乏后劲

经开区产业集群在发展的过程中面临着一系列的难题：①长沙经开区产业集群的形成过程和初期发展带有自发性，需进一步有效的政策引导和规划，加强集群企业的产业升级能力和发展后劲；②产业集聚带的大多数企业，具有起点较低、规模偏小和协作配套能力偏弱的特点，多数中小企业抗风险能力弱，缺乏资金和创业服务体系的支撑，融资环境不畅；③产业链向上、向下延伸不足，本地配套率不高，没有形成完整的生产链和供应链，共同的品牌和共同的市场仍欠缺，尚未从激烈的市场竞争中形成一种整体的可持续的合力；④产业集群缺少专业化的大市场作为支撑，市场与产业之间的联系和相互支撑不够。

在经过了产业集群的摸索起步阶段后，经开区如何在新的发展时期按照生态文明建设的要求，全面提升园区内集群产业和企业的整体素质和竞争力，立足于自主创新，培育产业和区域品牌，促进产业集群的经济增长方式由粗放型向集约型转变，走出一条既展现区域比较优势和产业特色，同时以市场为导向的产业集群的健康协调发展之路是十分重要的。

3 基于人工生态系统视角的园区系统稳定性分析

3.1 人工生态系统稳定性

生态工业园区是典型的人工生态系统，可以将企业看作自然生态系统中的个体，同类企业就形成了“种群”，而区域范围的工业体系就可以形成“生物群落”。人工生态系统可充分借鉴自然生态系统，提升生态工业园区的稳定性。

3.1.1 工业生态系统的竞争

在自然生态中，种群竞争是非常普遍的，也是种群进化的强大推动力。而经济竞争是市场经济条件下社会竞争中的一个重要特征，是社会生活中最常见、最普遍的一种形式，是竞争者为获得尽可能大的经济利益而展开的较量和斗争。生态工业将通过竞争实现企业的优胜劣汰，从而优化资源配置，使物质有序流动，资源和能源达到最大的使用效率。而在生态工业体系内，企业要想从竞争中脱颖而出，必须将经济效益和环境效益结合起来，重视科技开发，重视环境保护，积极开展清洁生产，采用清洁工艺，生产绿色产品，才能在未来的市场竞争中赢得先机，并不断发展壮大自己。

3.1.2 工业生态群落的建立

生物群落思想可以扩展到工业体系中。在一个稳定的群落内，除了竞争关系之外，还存在不同物种间的协作补充关系。寻找多个彼此有共生联系的企业组成“工业生态群落”，它们围绕优势资源恰当地进行工业活动组合，使得物质流、能量流得以最优利用。例如，在建造蔗糖企业时，考虑其稳定的原料供给，组织甘蔗种植；考虑生产过程产生的糖蜜和废渣的循环利用，发展乙醇厂、造纸厂和复合肥厂，从而构成一个“工业生态群落”，在生产蔗糖的同时，又利用了副产物，实现物质的最优利用。工业体系中也会有原始自发的合作形式，应采取有效措施巩固并进一步系统地发展完善。

3.1.3 构建生态工业链

如自然生态系统的生物可分为生产者、消费者、分解者三大类群，并以它们为载体完成能量流动和物质循环的基本功能一样，工业生态系统的结构可以理解为三个部分，即资源生产者、加工生产者、还原生产者。资源生产企业相当于生态系统中的初级生产者，为工业生产提供初级原料和能源；加工生产企业相当于生态系统中的消费者，将资源生产企业提供的初级资源加工成满足人类生产生活必需的工业品；还原生产企业则将各种副产物再资源化，或进行无害化处理，或加工转化为新的工业品。

3.2 园区系统的稳定性指标

生态工业园区是典型的人工生态系统，尽管其基本的理论基础源于自然生态系统的循环理念，但其建设与发展过程中人工的痕迹随处可见，甚至绝大部分生态工业园区完全就是人工设计下的产物。因此，生态工业园区的稳定性应更多地从人工生态系统的视角来考量。

首先，由人工规划、建设并在人工管理下运行的生态工业园区，其稳定性是通过园区不间断地运行以获取收益的动态过程来反映的，不可能以“静态”的状态保持在某一平衡点上。

其次，大多数生态工业园区是新建或改造而来的，园区中的企业数量与种类受人工控制，因此，其结构的稳定性并非生态工业园区的终极目标。相对于自然生态系统，生态工业园区的稳定性更多地体现在其功能的稳定性上，包括生产功能和环境功能等。

最后，生态工业园区区别于传统工业园区的最本质特点在于其对环境不破坏，甚至是改善，即园区与环境之间的良性互动。

因而，生态工业园区的稳定性实际上是一类人工生态系统稳定性的问题，除了一般所论及的抵抗力，经济生产力和系统的环境动态也是其稳定性极其重要的方面。

3.2.1 抗干扰能力

生态工业园区的抗干扰能力，这一点在几乎所有关于生态工业园区稳定性的研究中都有所体现，指的是生态工业园区在受干扰后保持当前稳定状态的能力，主要是抵御各类风险的能力。尽管“干扰”有的时候并不都是负面的，如新的激励措施出台和新技术出现等，可能会促进生态工业园区向更稳定的方向演进。但就目前来说，全世界的生态工业园区无论结构或功能都处于比较脆弱的初级演替阶段，所面临的更多的是受干扰时生态工业园区中生态工业链运行不稳定甚至是整个园区可能遭受解体风险的情形。

生态工业园区的干扰主要来自两个方面，即来自政策的干扰和来自市场的干扰。

（1）政策干扰。生态工业园区由于发展不过二十余年的时间，还是新生事物。因而，针对生态工业园区的政策体系仍在不断完善之中，对园区的发展也造成了不同程度的冲击。有的政策可能促进园区的稳定性，而有的政策可能适得其反。例如，现行的政策体系中，大多数生态工业园区为了维护环境效益而将污染性项目拒之门外，事实上，污染性项目往往可为下游企业提供大量的废弃物，成为构建生态工业链的主体企业，更能体现生态工业园区中废弃物减量化带来环境效益的含义。因此，“污染”这一概念在生态工业园区中的内涵与传统概念有所不同，现有的环境政策，如排污收费、污染物配额分配等，可能适用于建设初期的生态工业园区，但因为对构建生态工业链可能产生障碍，所以不太适用于成熟时期的生态工业园区，即有可能阻碍生态工业园区向更稳定的方向演进。

（2）市场干扰。生态工业园区无论是区内企业间的废弃物利用，还是区内与区外的企业间行为，都要受到市场的影响。区内企业间之所以通过废弃物利用结成生态工业链，大多出于成本或收益的考虑，受市场的引导；企业进行区外活动，也是为了在市场中实现其经济利益。因而，市场的波动很容易对园区内企业产生影响。若园区内企业是独立经营的，则市场的冲击仅限于企业本身；然而，园区内企业受利润最大化的驱使，相互因废弃物或能量的利用结成了关系复杂的链网结构，位于生态工业链中某一节点的区内企业受到冲击后，则这一冲击将沿着链条传递，导致整个工业链的不稳定。尤其当生态工业园区内的主导企业受到市场的深度干扰时，园区的稳定性将受到严重的挑战。

所以，生态工业园区的“抗干扰能力”，是园区稳定性的一个非常重要的方面。

3.2.2　经济生产力

经济生产力是各种有形要素与无形要素构成的经过复杂的非线性相互作用和协同而构成的一个系统，这一系统是开放的具有动态属性的体系。生态工业园区中企业通过各种要素的结合和在“资源—产品—废弃物—再生资源”周期式循环往复的动态生产模式下运行，不断获取收益，实现其功能。

一般说来，经济生产力系统的功能主要体现在四个方面。一是经济功能，表现为推进企业与地区或全球经济能力提高、产品与劳务增长、经济结构优化或产业升级等；二是组织管理创新功能，即推进企业组织和社会组织形式的变化与发展；三是技术创新的功能，即能推进技术创新、研究与开发；四是社会性功能，即能推进经济的民主化、社会化和大众化，改善社会关系。

对生态工业园区的定义，不同的学者在表征经济生产力上有不同的侧重点。

Lowe（1997）的定义强调通过对环境与资源等方面的创新式组织和管理，使企业群落实现更大规模的效益。这种创新式管理模式，主要是基于能源、水和原材料等基本要素的合作，需要技术方面的强而有力的支持，必然促进技术的创新、研究与开发，同时将促进产业结构基于技术进步而带来的优化，最终导致社会经济发展模式的变革。

Cote 和 Hall（1995）则认为生态工业园区是一个能保存自然与经济资源的工业系统，可减少生产、物质、能源、保险或赔偿及处理处置等成本费用及责任，并能改善营运效率、质量、工作人员健康及公众形象，且通过企业使用或贩卖废弃物，提供增加企业收益的机会。Cote 和 Hall 的定义更强调经济功能的实现，兼顾社会性功能。

美国总统可持续发展委员会于 1996 年将生态工业园区定义为：园区产业间彼此相互合作，并与地方社区有效率地分享资源（信息、物质、水、能量及公共建设等）与服务，以获得经济利益及改善环境质量，并提高人力资源对当地商业与社会的公平性；园区通过规划进行物质及能源交换，形成产业共生的系统；同时寻求能源及原料使用量的最小化，并推动废弃物减量化等环保行动，建立持续的经济、生态和社会的关系。这一定义对生态工业园区作为经济生产力系统的功能表述得相当完备，产业间的合作、园区与地方间的资源分享、能源与原料使用量的最小化和废弃物减量化等，是为了获取更大的经济效益和改善环境质量，这需要技术的支持，必然促进技术的研究与开发，推进技术创新；同时这一新的经济发展组织模式也必将对社会关系和观念等造成冲击，推进社会向前发展。

尽管生态工业园区的定义远不止上述所列，但无一例外地经济功能都是生态工业园区追求的首要目标。例如，堪称典范的卡伦堡生态工业共生体系中，1995 年因上游企业 Asnaes 发电厂原材料的改变，导致下游企业 GyProc 石膏板厂的利益受损，最终出现了园区不稳定的迹象；直至 Asnaes 发电厂改进其设备，使园区正常运行得以维持，才解决了这一问题，避免了进一步危机的产生。可见，经济利益是生态工业园区稳定运行的首要驱动力。

提高经济能力、促使产品与劳务的增长是任何工业园区必然追求的基本经济功能，但有意识地将实现经济优化和产业升级当作主要经济功能来对待，是生态工业园区在寻求经济功能时区别于其他园区的重要特征。同样，在推进组织管理创新和技术创新、实现社会性功能上，生态工业园区较传统工业园区显然具有更强的主动性及自觉性。在管理方面，生态工业园区的主要影响在于它对传统企业将全部精力集中在销售产品的管理方式提出了质疑；要求企业间不仅仅是竞争关系，还应该是伙伴关系，以保证资源最优化利用的管理合作，因而对传统的管理科学在企业间激烈竞争的背景下树立的相互竞争的信念提出了挑战。

若生态工业园区能持续地实现其作为经济生产力系统的各项功能，则园区是稳定的；经济生产力是生态工业园区最重要的衡量因素，“经济生产力”是这一人工生态系统中最有价值的指标之一。

3.2.3 环境效益

任何经济系统都是开放的系统，系统从外界获取资源和能源，经过生产加工，向市场输出产品或服务，同时向环境输出废弃物和副产品。所谓环境效益，是指产品或服务的价值与环境影响（即原料、能源的使用和废弃物的排放）的比值，也可定义为产品或服务价值的增加与环境影响的增加的比值，是对经济和环境状态的客观描述。环境效益从经济盈余的角度来衡量环境绩效，强调提高经济效益的同时保证环境效益同步增长，是经济效益与环境效益协调发展的体现。

传统经济采取从外界大量获取资源与能源、向环境大量排放废弃物的发展模式，产品与服务的原料和能源消耗强度大，环境效益差，经济发展难以为继，如图 3-1 所示。从熵理论的角度来看，传统经济发展模式一方面耗费大量的资源与能源，另一方面排放的废弃物和副产品又对环境造成巨大的破坏，经济与环境之间的矛盾日益加剧；系统与环境之间通过大量的物质与能量交换，引起系统熵的急剧增加，导致经济系统向崩析的方向演替。

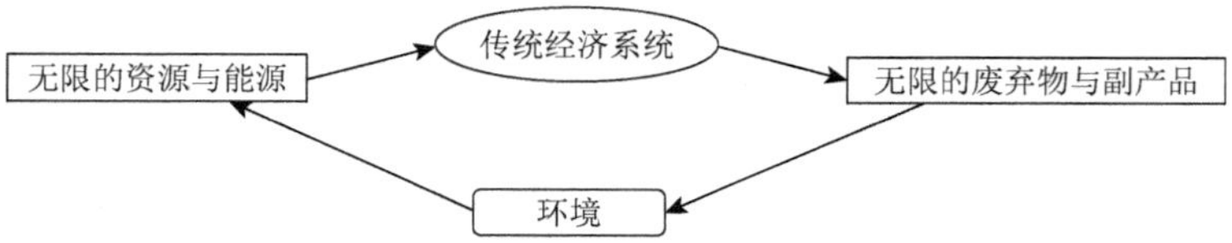

图 3-1 传统经济系统与环境关系示意图

生态工业园区是模仿自然生态系统，依据工业生态学原理和循环经济理念设计建立的一种新型工业园区。园区内企业众多，按照在整个工业生态系统中所起的作用不同，各企业群体可以分为资源生产者企业（生产者企业）、加工生产者企业（消费者企业）和分解者企业三种类型。生产者企业包括物质生产者和技术生产者。物质生产者是指用基本原料生产直接消费品或初级产品的企业。技术生产者是指提供无形的技术支持，不以可见的物质产品为目标的企业。消费者企业是指主要使用初级产品、其他企业生产过程的副产物或废弃物为原料，生产中间产品及最终产品的企业。分解者企业主要是对生产过程的副产物和废弃物进行加工，或从中提取有用物质，提供给其他企业作为原料。

生态工业园区采用从外界获取有限的资源与能量、向环境排放有限的废弃物与副产品的发展模式，物质与能量在系统内不断循环利用，以实现“物质减量化、能源梯级利用和废弃物最小化”，使经济与环境形成良性的动态过程，是可持续的发展模式，产品与服务的原料和能源消耗强度小，环境效益好，如图 3-2 所示。尽管系统与环境之间的物质与能量交换也会使系统的熵增加，但生态工业园区“物尽其用”的运营模式使系统所增加的熵值远小于传统经济发展模式。同时，园区发展带来的经济增长、科技进步、技术创新等，为解决环境问题提供了资金、技术和设备等物质条件，成为生态工业园区的负熵来源。当负熵流足够强，就能抵消园区内部的熵增加值，并使其向更高的稳定状态演替。

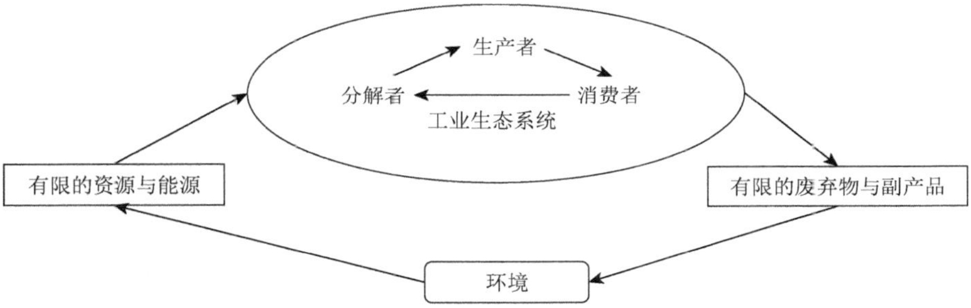

图 3-2 工业生态系统与环境关系示意图

因而，环境效益是生态工业园区区别于一般园区的最重要指标，表征的是生态工业园区的“环境动态”。环境效益好，说明系统环境向良性方向转变，园区稳定性强；环境效益降低，说明系统环境向恶性方向转变，园区稳定性也降低。

综上所述，生态工业园区稳定性是指在一定时期内，系统在遭受干扰的情况下维持其经济生产力与环境效益的能力。区别于一般的生态工业园区稳定性的定义，该定义除了抗干扰能力之外，还以相对具体的“经济生产力”和“环境效益”为指标，而非一个对“恢复到稳定状态”的抽象描述，因而具有更现实的指导意义。

3.3 生态工业园区系统稳定性关键因素

生态系统中各生物种群之间最本质的联系是通过生物链来实现的，生物链是生态系统内部的联系纽带。生物链将生物与非生物、生产者与消费者、消费者与消费者联结成了一个整体，不同的生物链纵横交织，形成一个庞大的生物链网结构。能量和物质沿着生物链流动，并总是处于运动变化之中，生态系统通过生物链来实现对各个种群的自我协调机制和反馈机制。

生态工业园区中的企业之间基于废弃物利用而产生的上下游关系和基于生态工艺而存在相互依存、相互制约的各种关系，并据此形成生态工业链，园区的各项生产活动均在生态工业链的基础上实现，物质流、能量流和信息流在生态工业链上的企业间循环往复，从而得到最佳利用。

3.3.1 生态工业链

生态工业园区区别于传统工业的一个重要方面是物质的生命周期全循环，即工业系统内部要综合考虑产品“摇篮—坟墓—再生”的全过程，并通过这样的过程实现物质从源到汇的纵向闭合，实现资源的永续循环利用。传统工业一般将废弃的产品（或材料）看成是无用的、等待处置的物品，因此来源于自然环境的原材料经过一次生产过程后，就变成了废弃物排放到环境中，这样的线性过程打破了自然界的物质平衡，使发展难以为继。一方面，从自然界获取太多，回馈或投入太少，造成了资源的枯竭（生态耗竭）；另一方面，大量开发的自然资源中只有少量变成产品，多数以废弃物形式排入环境，造成生态过程的阻滞（生态滞留）。因此，目前许多国家纷纷制定政策，要求将产品进行回收利用，目的就是实现物质的“封闭循环”。工业生态学要求从产品的设计阶段就必须考虑产品使用期结束后的再循环问题，产品的废弃物处置问题同产品的设计和加工制造过程一样重要。

生态工业园区中存在资源、企业及环境之间的上下游关系，以及基于生态工艺关系而存在的相互依存、相互制约的各种关系。在园区中物质利用与能量流动有以下两种途径。

（1）生产者企业向消费者企业提供所需的各类资源，基于生态生产工艺的原因，某种特定的资源被各级消费者不同程度地利用，最后无法被利用的废弃物交由分解者企业处理后再循环使用或排出系统之外；企业间基于某种特定资源使用程度的不同而形成“链式”结构，如水资源的梯级利用、热量的再利用等，如图 3-3 所示。

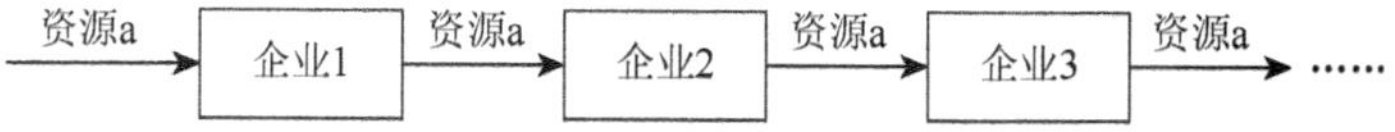

图 3-3 园区内企业间“链式”结构示意图（一）

（2）生产者企业向消费者企业提供所需的各类资源，上级消费者企业将其内部不能再利用的废弃物提供给下一级消费者企业作为原材料使用，下级消费者企业产生的废弃物再提供给下下级消费者企业。企业间基于对废弃物的“资源化”

利用而形成了一种具有上下游关系的“链式”结构，最后无法分解的废弃物交由分解者企业处理或排出系统以外。例如，广西贵港（制糖）生态工业园区中制糖企业将废糖蜜提供给能源酒精企业，能源酒精企业再将酒精废液提供给肥料企业等，如图 3-4 所示。

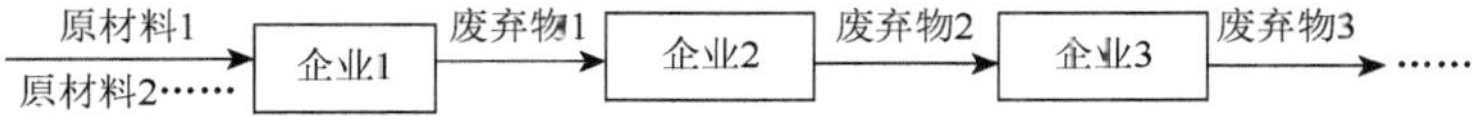

图 3-4 园区内企业间“链式”结构示意图（二）

上述两种途径同时存在，并且是相互交织、密不可分的。不同级别的消费者之间既可能存在对单一资源不同程度的利用而形成的链式关系，也可能存在对不同废弃物的使用而形成的链式关系。园区内企业之间的这种链式关系类似于自然生态系统中的“生物链”，称为“生态工业链”，它既是一条物质传递链，也是一条能量转换链，如图 3-5 所示。

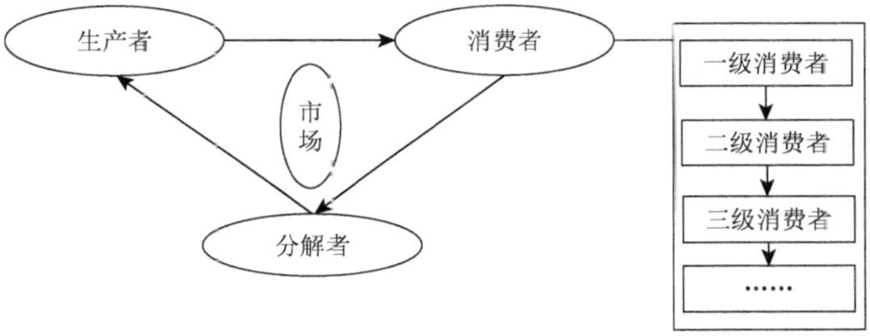

图 3-5 园区内的生态工业链结构示意图

当园区内的企业数量和规模发展到一定程度时，资源将不再沿着单一的链条流动，各种链条之间相互交叉和结网将会成为一种普遍现象，一家企业可能同时参与几个链上的企业间活动而成为多个链条的共同结点。物质和能量在生态工业链上沿着“生产者—消费者—分解者”的途径流动，原料、能源、废弃物及各种环境要素之间形成更为复杂的链网结构，能源、资源在其中反复循环得到最大限度的利用，废弃物资源化并实现再生增值。

3.3.2 园区系统稳定性在生态工业链上的体现

生态工业园区的稳定性是通过对生态工业链的规划、建设、运行、管理直至收益这一连续不断的动态过程的反复进行来实现的，具有开放性。无论是抗干扰能力、经济生产力还是环境效益，这些表征生态工业园区稳定性的指标，都以生态工业链的稳定运行为前提。

首先，政策变化、技术创新或市场冲击等干扰对任何企业造成的影响，绝不仅限于企业内部，而是经生态工业链传导，对相关的上下游企业均将造成冲击，影响企业所在的整个生态工业链的正常运行。而生态工业链上的企业在个别企业遭受冲击时，将不得不在携手抵御冲击或切断与受冲击企业间的联系中做出抉择，风险经生态工业链的传导，致使整个生态工业园区的稳定性受到威胁。因此，生态工业园区的抗干扰能力，很大程度上取决于园区中生态工业链的抗干扰能力，尤其是包含核心企业的主生态工业链的抗干扰能力。

其次，生态工业园区的经济生产力，是通过园区内企业间各种要素的结合和“资源—废弃物—再生资源”的周期式循环往复的动态生产模式来实现的。生态工业链虽然是模仿自然生态系统中生物链的物质与能量的流动方式构建的，但是与自然生物链的本质区别在于，生态工业链上的企业首先是受经济学规律的制约，只有在经济上可获取利益，企业才有动力遵循生态学规律。园区内各个企业形成生态工业链的主旨不是为了“吃掉”另一个企业的废弃物从而减少废弃物的排放量，而在于减少自己的成本（包括治污成本），提高产品的竞争力，达到更好地占领市场的目的，归根结底是为了提高自身的经济效益。园区内已形成链式结构的其他企业接受一个新企业加入其中，也必然是因为新加入的企业能够提高链上原有企业的经济效益，否则，新企业将被逐出原有的生态工业链。新企业的加入，改变了原有生态工业链的结构，提升了其经济效益，促进了技术创新以适应新的组织形式，即企业成为生态工业链上的节点促进了生态工业园区经济生产力的提高。

最后，环境效益是生态工业园区区别于一般园区最重要的特征。环境效益的来源恰是企业间基于废弃物和能量利用等关系而形成的生态工业链，因此，生态工业链运行稳定，则废弃物利用最大化和能源的梯级利用均可正常进行，环境效益可伴生经济效益实现。若生态工业链无法稳定运行，那么废弃物与能量的利用也将无法正常进行，经济发展将回到传统模式，生态工业园区的稳定性也难以为继。

可以说，生态工业园区在一定时间和空间内的稳定性决定于园区内生态工业链的稳定运行。生态工业链的稳定性是指整个生态链系统受到内外部环境变化影响时，系统维持一定的结构和功能的能力。生态工业链稳定，则园区的各项生产活动稳定，进而园区的各项功能也能正常运行，最终整个生态工业园区是稳定的。

3.3.3 影响生态工业链稳定性的因素

生态工业链的稳定性决定了生态工业园区的稳定性，其形成过程、运行环境和生产活动具有复杂性及波动性的特点，导致它在运行过程中会受到多种因素的影响而产生不稳定性，从而使生态工业园区出现不稳定的迹象。

李艳双等（2008）认为影响生态工业链稳定性的主要因素有组织因素、技术因素、政策因素和经济因素等。

1）组织因素

组织因素是指生态工业链上企业的数量、规模分布、企业间的相互依赖程度和关联度，是影响生态工业链稳定性的关键因素。如果组织因素不理想，生态工业链就很容易受到内、外环境波动的负面影响，表现出不稳定性。若企业间的依赖性太强，会导致生态工业链缺乏灵活性，难以适应环境的变化。Fleig（2000）从规避工业生态系统内部风险的角度出发，认为企业间依赖性带来系统的复杂性，这种复杂性进一步造成合作程度越高，彼此依赖程度越大，从而风险越大的后果。而企业间的协作不足，容易出现过度竞争，破坏企业间的关系，甚至造成生态工业链的解体。

2）技术因素

生态工业链的稳定与发展需要一系列的技术来支撑，必须有可行的生态化链接技术作为联系各个企业合作的纽带，主要技术因素包括清洁生产、废弃物资源化、废弃物流动、污染治理、再循环和重复利用，以及上下游企业的技术参数迎合等。采用新技术能够让生态工业链更好地实现物质的闭路循环和能量的多级利用，有助于市场竞争力的提高；相反地，如果技术支撑跟不上，生态工业链就会随着环境的变化而变得脆弱，适应能力下降，从而对其稳定性造成威胁。此外，若生态工业链上企业间的技术进步不同步，也可能对现有的平衡状态造成威胁，使生态工业链出现不稳定迹象。对于一个已经建立起来的生态工业结构来说，总的危机存在于其既有技术对未来潜在进化所带来的障碍。

3）政策因素

生态工业链的整个规划发展过程涉及多个利益相关者，各个利益相关者都有自身的利益观点，所以，实施生态工业的发展需要非常完备的规划和策略。政策因素主要指的是一些环境政策、法律法规、激励机制和管理办法等，通过这些来减少企业的投机行为、限制污染项目的进入及激励环境友好型企业的发展，保障生态工业链的稳定运行。

4）经济因素

生态工业链的正常运行主要是基于链上各企业间在资源使用、信息及服务共享等方面所建立起来的密切关系、相互联系和彼此协作。在实践过程中，对利润最大化的追求、对相关费用的权衡，以及要求公平分配收益等相关的企业逐利行为，都将影响生态工业链的稳定性。例如，生产者企业可能为了自己的利益，不仅不对生产过程中产生的废弃物负责，反而有可能将废弃物作为其获利的来源，对下游的分解者企业索取高价。在这样的利益分配结构中，分解者企业处于被动地位，使本来发展不完善的废弃物利用企业雪上加霜，最终导致生态工业链无法正常运行。另外，一家企业因市场冲击导致其经营难以为继时，也会影响相关废弃物利用企业的正常运营。Lowe（1997）指出，企业利用彼此之间的副产品作为原材料，当一家企业倒闭时，其他企业会出现原材料供应不足或者市场风险。

在影响产业链稳定性的因素中，经济因素是影响生态工业链稳定性的最重要因素。生态工业链上的每个企业都有追求自身利益最大化的愿望，都希望从合作总收益中分得各自应得的份额，因此，生态工业链上企业间在利益分配、技术协调等方面的合作是促进生态工业链稳定运行的基础。

3.4 基于动态规划的生态工业链稳定性分析

3.4.1 动态规划的基本概念

动态规划是运筹学的分支之一，是对决策过程最优化求解的数学方法。20 世纪 50 年代初，美国数学家 R. Bellman 等在研究多阶段决策过程的优化问题时，提出了著名的最优化原理，将多阶段过程转化为一系列单阶段问题，利用各阶段之间的关系，逐个求解，创立了解决这类过程优化问题的新方法——动态规划。动态规划中有如下几个基本概念。

（1）阶段变量（k）：将所给问题的过程恰当地分为若干个相互联系的阶段，以达到按一定的次序去求解的目的。描述阶段的变量称为阶段变量，一般用 k 表示。

（2）状态变量（s）：状态表示每个阶段开始时所处的自然状况或客观条件，描述的是研究问题过程的状况，也称为不可控因素。描述状态的变量称为状态变量，一般用 s 表示。

（3）决策变量（u）：决策是指当过程处于某一阶段的某个状态时可做出不同的决定（或选择），并从中确定下一阶段的状态，这种决定称为决策，在最优控制中也称为控制。描述决策的变量称为决策变量，一般用 u_k（s_k）表示，即第 k 阶段当状态处于 s_k 时的决策变量，它是状态变量的函数。通常在实际问题中，决策变量的取值被限定在某一范围之内，这一范围称为允许决策集合。

（4）状态转移方程：确定过程由一个状态到另一个状态的演变过程，即 s_{k+1} 的值随 s_k 和 u_k 的值的变化关系。

（5）指标函数（V_k，n）和最优值函数：指标函数是用于衡量所实现过程优劣的一种数量指标，也是定义在全过程和所有子过程上确定的数量函数，一般用（V_k，n）表示。指标函数的最优值，称为最优值函数，一般用 f_k（s_k）表示。

（6）多阶段决策过程：如果一类活动的过程可被分为若干个互相联系的阶段，

在每一个阶段都需要做出决策，且这一决策不仅依赖于当前面临的状态，还影响以后的发展，当各个阶段的决策都确定以后，就组成了一个决策序列，进而完全确定了一个过程的活动路线，这一过程称为多阶段决策过程。

3.4.2 生态工业链优化的动态规划模型

生态工业园区是循环经济的实现形式。循环经济的本质是将线性的传统经济发展模式转化为非线性的可持续发展模式，主要途径是将工业系统改造为具有“复杂性”的生态经济系统。生态系统是一个典型的复杂系统，物种之间会形成复杂的食物链和食物网，物质生产者与消费者之间进行着循环利用，物种之间通过竞争、共生、寄生等多种关系，使系统内的物质和能量得到最大化使用。同时，自然生态系统中生态链的长度是有限的，一般长度为3～5级，这是物竞天择的结果，值得人类思索。自然生态系统的稳定性更多地取决于生态链上每一级生物物种的丰富度，即同一级上物种的数量。

基于工业生态理论，生态工业园区中建立了纵横交错的各类生态工业链，形成一张规模庞大的类似于自然生态系统中“食物链网”的结构——生态工业网络。这一网络通常包含少数几条对全局具有举足轻重的作用的生态工业链。为达到物质闭环循环、能量多级利用和废弃物产生最小化的目的，目前生态工业园区发展的一个重要趋势是生态工业链的不断延长。生态工业园区是中观层面的循环经济发展的实现形式，而循环经济的根本目的是为了解决人类发展和赖以生存的环境之间的矛盾，因而，生态工业园区的最根本目的是实现经济效益与环境效益的双赢。从这一意义上来说，生态工业园区中的几条关键生态工业链的稳定性，对整个生态工业园区的发展来说是至关重要的。

类似于自然生态系统中的食物链，对生态工业链来说，其长期的工作效率并不取决于长度，而是稳定性。一条看似完美的生态工业链，在某种干扰下，可能会因干扰对链上某一企业产生重大影响而致使生态工业链断裂，进而影响整个工业园区的稳定性。这样的例子并非罕见，即便是世界上最为成功的生态工业园区——卡伦堡工业共生体，在其发展历程中也曾有过这方面的经历，出现过不稳定迹象。1995年，卡伦堡共生体系中的GyProc石膏板厂在常规分析时发现石膏含有大量钒，这种金属可对人体造成变态反应。最终调查发现，原因是Asnaes发电厂使用了一种价格十分低廉的燃料——奥利木松石油。调查人员在这种石油里发现了钒，该石油导致石膏中也出现了钒。结果是，Asnaes发电厂改进其设备，以防止钒累积。正如Baldwin等（2004）所说：“对卡伦堡而言，技术、革新、外部的新压力、合并和接管等变化都会使整个系统承受显著影响，甚至有可能使系统坍塌。”

生态工业园区主要是利用不同产业或工艺流程之间，以及资源、主副产品或废弃物之间的横向耦合、纵向闭合、上下衔接及协同共生的关系，运用现代化的工业技术、信息技术和经济措施优化配置组合，共享资源和互换副产品，形成类似于自然界中“食物链”的生态工业链。生态工业链结构如图 3-6 所示。在生态工业链中，上游企业产生的“废弃物”被下游企业用作原材料或能源，通过对废弃物的利用，不同企业间共同组成工业生态系统，实现工业生态系统的代谢功能，以实现经济效益和环境效益的“双赢”。

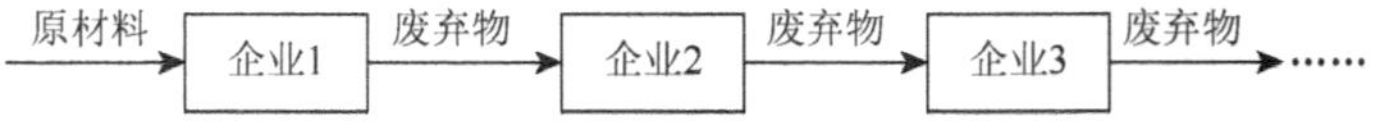

图 3-6　生态工业园区中生态工业链结构示意图

假设某生态工业链是由 n 个阶段构成的单链结构的工作系统（即每一阶段仅包含一个企业），如果某个阶段的节点企业出现问题（如原材料来源改变），那么整个生态工业链就将断裂，导致工业系统无法正常工作，进而对园区的稳定性产生重大影响。为了提高生态工业链的稳定性，可以考虑在其节点处引入合适的补链企业，通常有两种做法：一种是通过新技术改进设备来解决问题，另一种是在节点处增加可利用同类废弃物的新企业。为叙述方便，本书将利用新技术改进后的企业也列为新企业，各节点处的企业分别标以企业 A、企业 B、企业 C 等，如图 3-7 所示。一般来说，生态工业链上每一节点处的企业数目越多，生态工业链的稳定性就越高。但是，同一节点处的企业数量增加会使生态工业网络趋于复杂，从而推高整个园区的建设成本、谈判成本、搜寻成本等，致使系统效率降低，同时园区的技术风险和市场风险等各类风险也会增加。在控制成本与风险的限制条件下，应根据具体情形适当选择各个节点处的企业数量，使整个园区的稳定性最优。

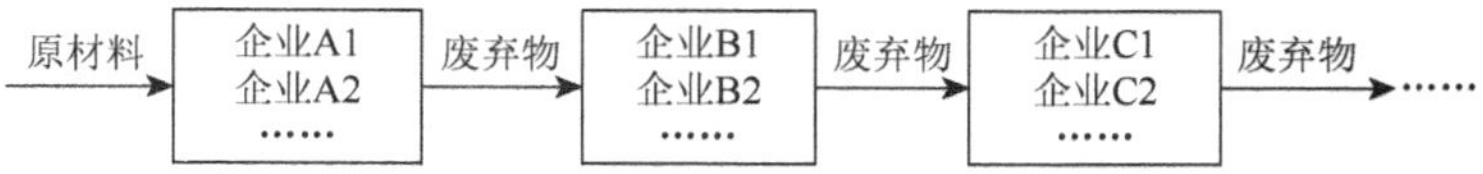

图 3-7　引入补链企业的生态工业链结构示意图

图 3-8 所示为广东南沙国家生态工业园区中塑料生产的生态工业链图。从图 3-8 中可以看出，生态工业链的第一阶段有两个企业，其产生的废弃物经三个企业再加工成各式不同的中间产品后，进一步通过第三阶段的三个企业制成最终

产品。每一阶段企业数量的增加，使生态工业链更趋于稳定，同时成本和风险也在增加。

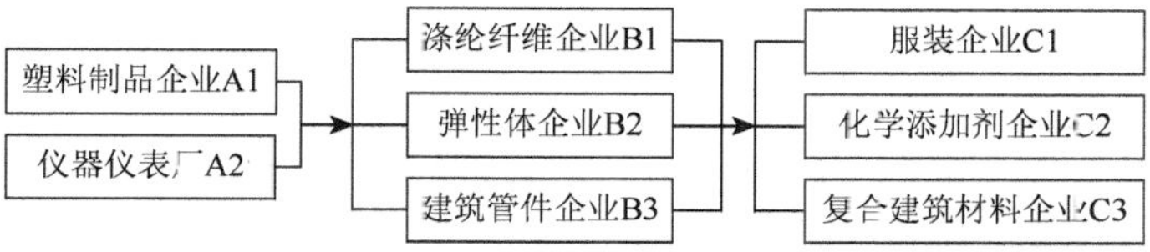

图 3-8　南沙国家生态工业园区塑料生产生态工业链

设生态工业链的第 $i(i=1,2,3,\cdots,n)$ 个阶段有 u_i 个企业时，此节点处正常运行的概率为 $p_i(u_i)$，因此整个工业链正常运行的稳定性可用链上所有企业都正常运行的概率来衡量，即 $P=\prod_{i=1}^{n}p_i(u_i)$。

设每一节点引入新技术或新企业的成本为 c_i，或有风险为 w_i，要求总成本控制在 c 以内，或风险不超过 w，则这个问题有两个约束条件，它的静态规划模型为

$$\max P=\prod_{i=1}^{n}p_i(u_i)$$

$$\begin{cases}\sum\limits_{i=1}^{n}c_iu_i\leqslant c\\ \sum\limits_{i=1}^{n}w_iu_i\leqslant w,\text{其中}u_i\text{为整数。}\\ u_i\geqslant 0,(i=1,2,\cdots,n)\end{cases}$$

这是一个非线性整数规划问题，为了构造动态规划模型，根据约束条件，取二维状态变量 (x_k,y_k) 来表达，其中 x_k 表示由第 k 阶段到第 n 阶段的成本总和，y_k 表示由第 k 阶段到第 n 阶段的风险总和。决策变量 u_k 为第 k 阶段的补链企业数量。由此可以确定状态转移方程为 $\begin{cases}x_{k+1}=x_k-u_kc_k\\ y_{k+1}=y_k-u_kw_k\end{cases},(1\leqslant k\leqslant n)$，最优值函数 $f_k(x_k,y_k)$ 为由状态 x_k 和 y_k 出发，从阶段 k 到阶段 n 的最大稳定性。

因此，整个生态工业链稳定性的动态规划基本方程为

$$\begin{cases}f_k(x_k,y_k)=\max[p_k(u_k)f_{k+1}(x_k-c_ku_k,y_k-w_ku_k)]\\ f_{n+1}(x_{n+1},y_{n+1})=1\end{cases},(k=n,n-1,\cdots,1)\text{。}$$

边界条件为 1，这是因为生态工业链中只有 n 个阶段，所以 x_{n+1} 和 y_{n+1} 均为零，即第 $n+1$ 个阶段对整个生态工业链不起作用，因此其稳定性为 1。通过逆向求解，依次求出第 n 阶段至第 1 阶段中相应成本与风险下的节点企业数量和最优值函数。最后，所求得的 $f_1(c,w)$ 就是在限制成本与风险条件下生态工业链稳定性的最优值，即最大稳定性。

通过计算，可以得出对已有生态工业链进行优化时，着重考虑成本和可接受风险下，对原有生态工业链进行补链设计的最优化方案。

4 基于拓扑结构的园区系统稳定性分析

4.1 园区系统稳定性与结构

生态工业园区中的企业基于物质和能量的循环利用形成生态工业链，当园区发展到一定规模后，企业在链上扮演的角色也不再单一，可能成为多种资源的起点，也可能成为多种资源的终点，或者是资源流经的中转点，园区内的资源不再沿着某生态工业链单向流动，而是各种链条相互交织，在园区内形成复杂的链网。从系统论的观点来看，这些存在于企业间的各类生态链接的相互作用关系形成了生态工业园区的结构。

一般来说，系统的结构具有相对的稳定性，反映出组成系统各要素之间相对稳定的联系状态；同时还具有一定的动态性和可变性，反映出系统整体性能发展和变化的方向与趋势。生态工业园区的结构主体是依据生态系统物质流、能量流和信息流等形式人为设计与规划产生的生态工业链网，系统内的各组成企业通过横向耦合和纵向闭合等原则，实现高效率、高产出、低消耗、低污染，达到经济增长与生态保护双赢的目标。

生态工业园区大多是在人为管理下规划、建设和运营的，系统结构包括园区中企业的数量、规模和布局等，皆受人的控制，因而生态工业园区的稳定性主要是讨论功能的稳定性。然而，结构和功能的稳定性是相辅相成的，系统的功能对系统的结构具有较强的依赖性，后者是前者的基础。一般来说，系统结构的有序性越高，相应地系统的功能越优越。对系统结构的优化方式有两类：①通过对系统中要素的增减，增加有益的要素或去除产生障碍的要素；②对要素间的联结方式进行优化，使其更加合理化。无论是哪种方式，首先要确定的是系统的结构状态，识别出对系统稳定性产生影响的因素，之后进行有目的的调控。

尽管工业生态网络的存在和发展有着深厚的理论及现实背景，但是作为新生事物，工业生态网络的研究和发展尚处在起步阶段，这就使系统地探索工业生态网络模式、稳定性、实施效果、进化和构建的全过程成为一项既有学术价值又有现实意义的工作。本章拟利用生态工业园区的网络拓扑结构图，从共生关系的角度对园区的结构进行分析，并探讨系统实现其功能的路径，从中找出结构的薄弱之处，及早发现问题并进行预防和调控，确保系统更好地实现其功能。

一个网络可以抽象为一个由点集 V 和边集 E 组成的图 G，$G=(V,E)$，E 中每

条边都有 V 中的一对点与之相对应。如果任意点对 (i,j) 与 (j,i) 对应同一条边，则该网络称为无向网络（undirected network），否则称为有向网络（directed network）；如果给每条边都赋予相应的权值，则该网络称为加权网络（weighted network），否则称为无权网络（unweighted network）。将生态工业链网结构上的企业视为节点，如果两个企业之间基于工艺或物质交换等关系形成联系，则以连通这两个节点企业的边相连接，这样可以得到整个生态工业园区的网络拓扑图，人们可以考虑从拓扑学和图论理论的角度来探讨生态工业园区稳定性的相关问题。

4.2 拓扑结构下园区系统中的核心企业

度（degree）是一个网络中单独节点属性的简单而又非常重要的概念。节点 i 的度 k_i 定义为与该节点连接的其他节点的数目。对于有向网络来说，一个节点的度分为出度和入度。出度（out-degree）是指从该节点指向其他节点的边的数目；入度（in-degree）是指从其他节点指向该节点的边的数目。从直观上来看，一个节点的度越大，意味着这个节点在这个网络中从某种意义上来看占有越重要的地位。

假定一个有向网络如图 4-1（a）所示，考虑从中移除某个点，则与该节点相连的所有边也同时被移除。移除的节点不仅使所有通过此节点的路径中断，而且将有可能使原本连通的其他节点间的路径也因此而中断。考虑移除图 4-1（a）中的节点 4，则所有与节点 4 相关的路径相应中断，包括节点 1 到节点 10 的路径也中断，如图 4-1（b）所示。此外，被移除的节点的度不同，对整个网络的影响也是不同的。例如，移除图 4-1（a）中的节点 10，因为节点 10 仅有与节点 4 相连接的唯一边，从直观来看此节点的移除对整个网络产生的影响非常小，如图 4-1（c）所示。

生态工业园区中的企业地位各不相同，与其他企业之间的共生关系也强弱有别，这种企业之间联系的强弱体现在企业之间连接的边数，或称为节点企业的度上。在一个园区中，若干个度很小的节点企业受到冲击或是退出共生网络，对整个园区的影响力有限。若是一个度很大的节点企业受到冲击，则沿着所有经过这一节点企业的生态工业链上的企业均会受到影响。更有甚者，极少数度最大的节点企业退出共生网络，整个生态工业网络将遭受巨大的扰动，甚至很可能随之解体。换句话说，生态工业园中极少数度最大的节点企业的稳定与否决定了整个园区的稳定性。因此，找到生态工业网络中极少数度最大的节点企业，随时关注其运行状况并调整与其相关的运营策略，对整个生态工业园区的稳定性有至关重要的作用。

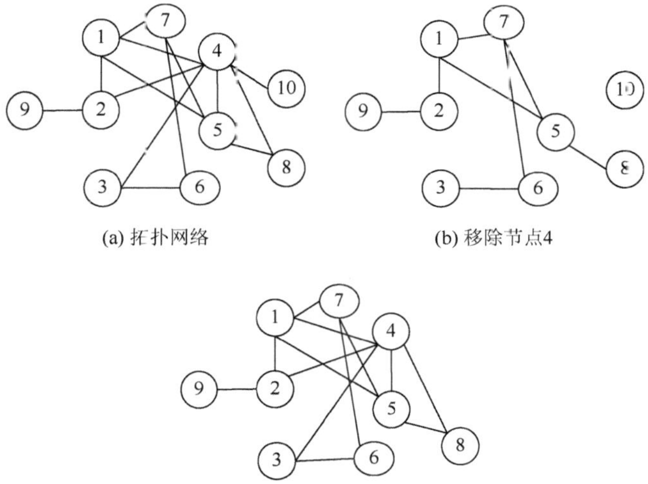

(c) 移除节点10

图 4-1　网络拓扑结构示意图

4.2.1　生态工业园区中的核心企业界定

生态工业园区是新生事物，处于不断的发展变化之中。区内不同企业的表现力会因其流经的物质流量波动的不同而对整个系统产生不同的影响力，造成系统运行的涨落差异，即对园区稳定性的影响力不同。在生态工业园区中，企业之间因物质循环和能量梯级利用形成生态工业链，企业因提供或接受物质与能量，成为链上的节点。但同一时点的不同企业，不同时点的同一企业，在链上的表现力均不同。随着生态工业园区的发展，企业之间的关系也不断发展。有的企业可以同时接受多家企业的废弃物，有的企业可以同时为多家企业提供废弃物；有的企业地位被加强，而有的企业地位不断减弱。因而，不同企业对园区稳定性的影响力也总是处于不断的动态调整过程之中。

在某一时期，人们可以从三个方面来衡量这种影响力，对企业的重要性进行排序：其一是与多少企业有链接，链接的企业越多，该节点企业在工业共生意义上的影响力越大，对整个生态工业网络也越重要；其二是链接了多少企业，即企业接受废弃物能力的大小；其三是被多少企业链接，即企业提供废弃物能力的大小。

提供或接受废弃物能力最强的企业称为生态工业园区中的核心企业。在一个生态工业园区中，核心企业可能只有一家，称为单中心型生态工业园区；也可能有少数几家，称为多中心型生态工业园区。

当然，企业本身创造价值的大小对园区经济效益贡献的重要性也是不言而喻的，但生态工业园区与传统经济系统的最主要区别在于其与环境之间的友好互动，即环境效益是生态工业园区的特征指标。因此，在考虑生态工业园区中企业的重要性时，人们更多地倾向于基于副产品和废弃物交换产生的共生关系，即其环境友好性。

4.2.2　基于拓扑结构的园区核心企业识别

4.2.2.1　案例：卡伦堡工业共生体

卡伦堡工业共生体是到目前为止发展最为成功的生态工业园区之一，经过几十年的发展，共生体系已经比较完善，其发展中的主要事迹如下。

1961 年，卡伦堡工业共生体的第一条管道连接。

1970 年，核心企业间的共生关系逐步形成。

1976 年，Novo Nordisk 制药厂在卡伦堡启动与不断变化的能量流相匹配的物质流。

1981 年，Asnaes 发电厂首先为卡伦堡市区提供多余的蒸汽，随后供给 Statoil 精炼厂和 Novo Nordisk 制药厂。

1990 年，一个“地球日”学生团队用纱线绘制出副产品交换网络并赠送给工厂经理们。

1992 年，Asnaes 发电厂开始更换燃料来源，用精炼厂剩余的燃料气替代煤。

1993 年，6000 万美元的基础设施（交通、能源和材料）投资产生了 1.2 亿万美元的回报（包括收入和成本节约）。

1995 年，物质与能量的交换总量达每年 300 万吨。

1998 年，因工业共生与交换而产生的节约达 1.6 亿万美元。

2008 年，丹麦纤维素乙醇技术领先商 Inbicon 在卡伦堡开启生物燃料集群的先河，其设立的生物质炼油厂附属于 Asnaes 发电厂，并参与卡伦堡的工业共生。

截至目前，Asnaes 发电厂提供整个丹麦 10%的电力，到 2020 年，其中的一半将是可再生的；Gyproc 石膏板厂出产的石膏板超过 60%是由工业石膏和再生材料制成的；Asnaes 发电厂多余热量的利用相当于至少 7.5 万个家庭的年消耗电力，或大致相当于 24 万吨二氧化碳的排放量；Statoil 精炼厂是世界上能效最高的炼油厂，这主要归功于其与 Asnaes 发电厂联合运行的中水回用战略；Kara Noveren 是西兰岛最大的废弃物处理商，其垃圾焚烧所产生的热和电能供区域内超过 15 万个家庭使用；卡伦堡市区的中水处理设施是整个北欧最现代化、效果最好的；世界上最大的 Inbicon 第二代生物乙醇试验厂获得欧盟的资金支持。

卡伦堡工业共生体的主要发展历程如图 4-2 所示，从图 4-2 可以看出不同时期的不同企业对生态工业园区的重要性是不同的。

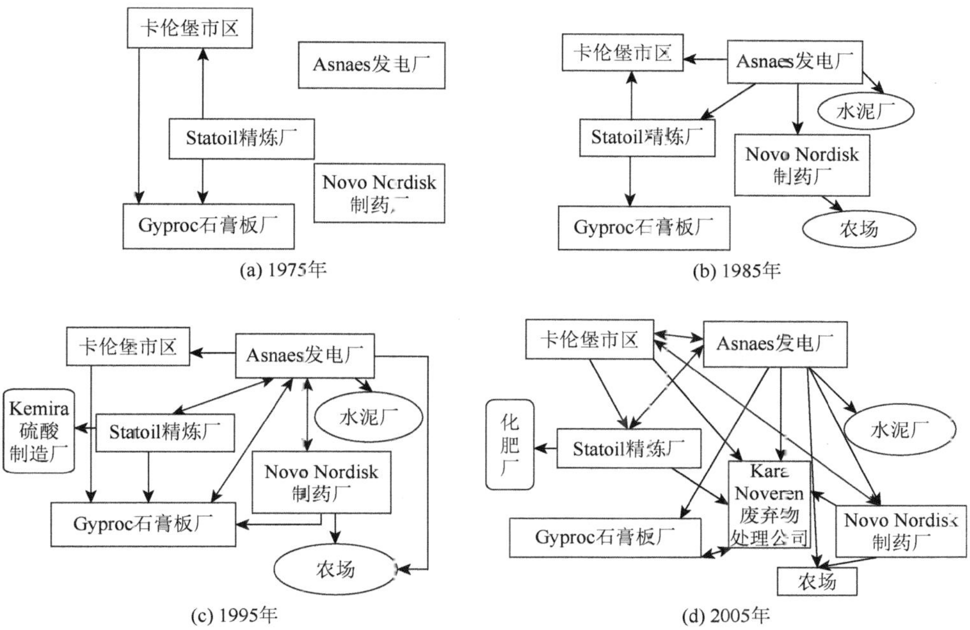

图 4-2 卡伦堡工业共生体的主要发展历程示意图

在 1975 年的卡伦堡工业共生体中，企业之间的联系很松散，参与副产品交换的仅有 Statoil 精炼厂提供原本作为废气排放的丁烷气给 Gyproc 石膏板厂作为燃料，并为卡伦堡市区提供燃料油；卡伦堡市区提供再生水给 Gyproc 石膏板厂。尽管 Novo Nordisk 制药厂和 Asnaes 发电厂也坐落在工业园区内，但当时与其他企业还没有建立起任何副产品的交换关系，如图 4-2（a）所示。Statoil 精炼厂在当时的工业园区中，在废弃物和副产品的利用方面无疑占有最重要的地位。

经过不断发展，到 1985 年时卡伦堡工业共生体内企业之间的联系大大加强，共生关系如图 4-2（b）所示。Asnaes 发电厂扮演着越来越重要的角色，开始供应蒸汽给卡伦堡市区、Statoil 精炼厂和 Novo Nordisk 制药厂，并供应飞灰给水泥厂；Novo Nordisk 制药厂每年免费提供约 110 万吨淤泥给农场，不仅节约了制药厂巨大的处理成本，也为农场带来了极大的收益，是经济效益与环境效益相辅相成的典型案例。但此时整个园区的共生关系依然比较简单。

此后，卡伦堡工业共生体中的共生关系进一步丰富起来，如图 4-2（c～d）所示，不断有新的企业加入和新的共生关系产生，同时也有部分共生关系退出系统。例如，Statoil 精炼厂将冷水用管道送给 Asnaes 发电厂用作沸腾炉的原料进水，将脱硫废气送到化肥厂生产液体化肥等。除了不断有新的共生关系产生，一些不适应的共生关系也退出整个系统，例如，Statoil 精炼厂曾经在 1990 年开始将熔融硫卖给 Jutland 的 Kemira 硫酸制造厂制造硫酸，但这一共生关系于 1992 年结束。截至 2008 年，卡伦堡工业共生体中已经有 7 家主体企业和卡伦堡市区进行了丰富的废弃物和副产品的交换，此外还有上百家小型企业加入到这个工业共生体中，形成了一个令世人瞩目的工业共生体，成为新一代工业园区的典范，并且，卡伦堡工业共生体的生态工业网络仍在不断进化之中。

4.2.2.2　核心企业识别体系

生态工业园区基于废弃物和能量梯级利用而形成了具有各种共生关系的生态工业网络，其中不同节点代表了不同的企业，点与点之间链接的边代表了上下游企业之间的共生关系，显然边是从上游企业指向下游企业的有向边，因此生态工业园区的网络拓扑结构是一个有向网络。

下面以卡伦堡工业共生体为例，画出了相应的拓扑结构图。为简化设计，以数字 1～10 表示参与卡伦堡工业共生的主体企业，分别为：1 表示卡伦堡市区；2 表示 Statoil 精炼厂；3 表示 Gyproc 石膏板厂；4 表示 Asnaes 发电厂；5 表示 Novo Nordisk 制药厂；6 表示 Kara Noveren 废弃物处理公司；7 表示农场；8 表示化肥厂；9 表示水泥厂；10 表示 Kemira 硫酸制造厂。卡伦堡工业共生体中主要的工业共生关系拓扑结构图如图 4-3 所示。

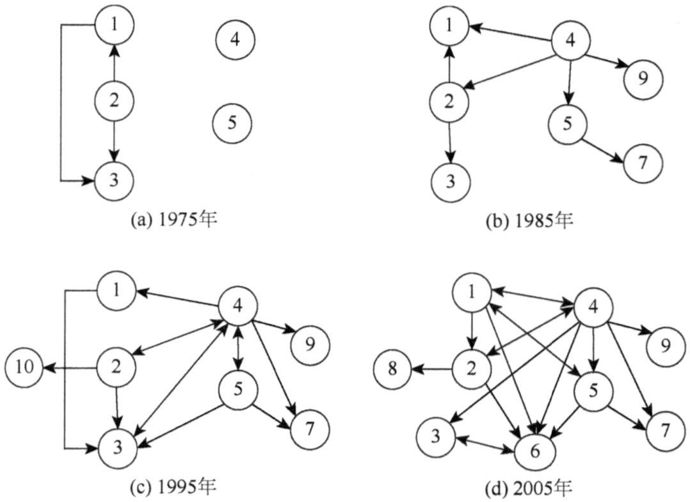

图 4-3　主要工业共生关系拓扑结构示意图

从上述拓扑结构图很容易计算出各个节点企业的度、出度及入度，相应地对整个网络中企业的重要性有一个直观的判断，但同时也存在两个问题：首先是园区内企业数量较多时，节点企业的度的重复性大大增加，导致直观判断不可行；其次是当不同节点企业有相同的度，但因其链接的企业不同时，该节点企业的重要性也不同。因此，节点企业的重要性应该从两个方面来衡量：一是与其链接的企业有多少（即该节点的度的大小）；二是与其链接的企业的重要性如何，如果与其链接的企业重要性高，则也应相应提高该节点企业的重要性，反之亦然。

1）不区分节点企业间的链接方向

假定生态工业园区中的企业提供或接受废弃物对整个园区的环境效益贡献等同，将整个生态工业网络视为无向网络，来考虑网络中企业的重要性，并找出核心企业。为了利用共生关系所对应的拓扑结构图来分析节点企业的重要性，可以利用图的邻接矩阵来表达节点企业之间的链接关系。

第一步，写出邻接矩阵 $\boldsymbol{A}=(a_{ij})$，其中 $a_{ij}=\begin{cases}0 & 企业i与企业j之间没有共生关系\\1 & 企业i与企业j之间存在共生关系\end{cases}$。显然邻接矩阵是一个实对称矩阵。

第二步，为了能将节点企业的重要性平均分配给与该节点企业链接的其他节点企业，对各个列向量进行归一化处理，得到矩阵 $\overline{\boldsymbol{A}}$。（事实上，由于邻接矩阵是实对称矩阵，所以对行向量进行归一化处理也会得到相同的结果，验证了此情况下本书并不从提供或接受废弃物的角度对节点企业进行区分，而是同等视之的初衷。）

第三步，求 $\overline{\boldsymbol{A}}$ 的特征值及相应的特征向量。

第四步，生态工业园区内企业的重要性由正的最大特征值对应的特征向量的分量值所决定。当分量值相等时，可以考虑节点企业的出度和入度；出度相等而入度大者居先，入度相等而出度大者居前；若出度和入度均相等，则可进一步考虑与其链接的企业的相对重要性来决定企业的排序。

1975 年和 1985 年卡伦堡工业共生体的共生关系比较简单，下面以 1995 年为例，其拓扑结构如图 4-3（c）所示，其邻接矩阵 $\boldsymbol{A}$ 及归一化所得矩阵 $\overline{\boldsymbol{A}}$ 分别为

$$\boldsymbol{A}=\begin{bmatrix}0&0&1&1&0&0&0&0\\0&0&1&1&0&0&0&1\\1&1&0&1&1&0&0&0\\1&1&1&0&1&1&1&0\\0&0&1&1&0&1&0&0\\0&0&0&1&1&0&0&0\\0&0&0&1&0&0&0&0\\0&1&0&0&0&0&0&0\end{bmatrix},\quad \overline{\boldsymbol{A}}=\begin{bmatrix}0&0&1/4&1/6&0&0&0&0\\0&0&1/4&1/6&0&0&0&1\\1/2&1/3&0&1/6&1/3&0&0&0\\1/2&1/3&1/4&0&1/3&1/2&1&0\\0&0&1/4&1/6&0&1/2&0&0\\0&0&0&1/6&1/3&0&0&0\\0&0&0&1/6&0&0&0&0\\0&1/3&0&0&0&0&0&0\end{bmatrix}。$$

经计算可得出 $\overline{\boldsymbol{A}}$ 的特征值及特征向量见表 4-1。

表 4-1 矩阵 $\overline{A}$ 的特征值与相应的特征向量

特征值	1.0000	−0.7673	−0.2209	0.5481	−0.4447	0.1992	0.2494	−0.5639
特征向量	0.2236	−0.2505	0.4876	0.0760	0.2979	−0.2361	−0.5295	0.0025
	0.3354	−0.5774	−0.0836	−0.6937	−0.4347	0.0319	0.1215	−0.0513
	0.4472	0.3968	−0.5959	−0.0384	−0.1808	−0.5626	−0.4019	0.4435
	0.6708	0.5579	0.2478	0.3077	−0.5238	0.5617	−0.1897	−0.6736
	0.3354	−0.2392	−0.3769	0.3626	0.4910	−0.2948	0.4668	−0.3658
	0.2236	−0.0173	0.3818	0.3141	−0.1717	−0.0234	0.4970	0.4154
	0.1118	−0.1212	−0.1870	0.0936	0.1963	0.4699	−0.1267	0.1991
	0.1118	0.2508	0.1261	−0.4219	0.3258	0.0534	0.1624	0.0303

由表 4-1 可以看出，$\overline{A}$ 的正最大特征值 Eig_max = 1.0000，相应的特征向量为（0.2236，0.3354，0.4472，0.6708，0.3354，0.2236，0.1118，0.1118）。

卡伦堡工业共生体中的各主体企业间存在着复杂的废弃物交换关系，但特征向量中最大分量值所对应的节点 4——Asnaes 发电厂，不仅为除了节点 10 之外的所有企业提供废弃物，同时也接受节点 2、3 和 5 的废弃物，是整个共生体中废弃物交换最为活跃的企业，从环境效益的角度来说，对整个工业共生体的稳定性起着至关重要的作用，无疑是园区中最核心的企业，与计算结果相一致。

紧随其后的是节点 3——Gyproc 石膏板厂，与众多企业建立了废弃物交换关系，它不仅接受来自节点 1、2、4 和 5 的废弃物，同时为节点 4 提供废弃物，是园区中仅次于节点 4 的核心企业，其分量值也位列第二。

节点 2、5 对应了特征向量中相同的分量值，且均是出度为 3，入度为 1，表明相应的提供和接受废弃物的能力很接近，两个节点企业均与节点 3 和 4 建立了废弃物交换关系，不同的是节点 2 提供废弃物给节点 10，而节点 5 提供废弃物给分量值相对较大的节点 7，因而排序为（5，2）；对于分量值相同的节点 1，以及节点 9 和 10 做了类似的考虑。

由此可以确定 1995 年卡伦堡工业共生体主要的共生关系中，节点企业重要性的排序为（4，3，5，2，1，7，9，10）。

2）区分节点企业间的链接方向

生态工业园区中企业的共生关系来源于上下游企业间的废弃物和能量利用，因而节点企业间的链接是从上游企业指向下游企业的，生态工业网络是一个有向网络。对于有向生态工业网络，核心企业可分别从提供废弃物和接受废弃物的角度来考虑。

第一步，写出 $\boldsymbol{B}=(b_{ij})$，其中矩阵的元素 $b_{ij}=\begin{cases}0 & i\text{没有指向}j\text{的共生关系}\\ 1 & i\text{有指向}j\text{的共生关系}\end{cases}$。

第二步，当节点企业i有一个指向节点企业j的链接边，表明i可提供废弃物给j（即i是j的原材料来源），或者说j认为i是有价值的。从节点企业i的出链数越多，表明其提供废弃物的能力越强，节点企业i的重要性也越高。此时，j的重要性被平均分配给为它提供废弃物的节点企业i。

对邻接矩阵$\boldsymbol{B}$的各个列向量进行归一化处理，得到矩阵$\overline{\boldsymbol{B}}$，处理过程如下面（1）所述。

第二步，当节点企业j有一个来自于节点企业i的链接边时，表明j可接受来自i的废弃物（即j是i的废弃物销售地），或者说i认为j是有价值的。节点企业j的入链数越多，表明其接受废弃物的能力越强，节点企业j的重要性也就越高。此时，节点企业i的重要性被平均分配给接受其废弃物的节点企业j。

对邻接矩阵$\boldsymbol{B}$的各个行向量进行归一化处理，得到矩阵$\overline{\boldsymbol{B}}_h$，处理过程如下面（2）所述。

由于此时节点企业j的重要性主要决定于其入链数，即被多少企业链接而非链接到多少企业，所以要对$\overline{\boldsymbol{B}}_h$进行转置处理，得到$\overline{\boldsymbol{B}}_h^{\mathrm{T}}$。

第三步，求$\overline{\boldsymbol{B}}$及$\overline{\boldsymbol{B}}_h^{\mathrm{T}}$的正最大特征值及其相应的特征向量。

第四步，$\overline{\boldsymbol{B}}$正最大特征值的特征向量的分量值大小代表了节点企业$i$提供废弃物重要性的大小；而$\overline{\boldsymbol{B}}_h^{\mathrm{T}}$正最大特征值的特征向量的分量值大小代表了节点企业$j$接受废弃物重要性的大小。对于分量值相同的节点企业，可如本节1）中处理。

为方便比较，仍然以1995年卡伦堡工业共生体为例，其对应的邻接矩阵为$\boldsymbol{B}$。

（1）将邻接矩阵$\boldsymbol{B}$按列归一化得到矩阵$\overline{\boldsymbol{B}}$：

$$\boldsymbol{B}=\begin{bmatrix}0&0&1&0&0&0&0&0\\0&0&1&1&0&0&0&1\\0&0&0&1&0&0&0&0\\1&1&1&0&1&1&1&0\\0&0&1&1&0&1&0&0\\0&0&0&0&0&0&0&0\\0&0&0&0&0&0&0&0\\0&0&0&0&0&0&0&0\end{bmatrix};\overline{\boldsymbol{B}}=\begin{bmatrix}0&0&1/4&0&0&0&0&0\\0&0&1/4&1/3&0&0&0&1\\0&0&0&1/3&0&0&0&0\\1&1&1/4&0&1&1/2&1&0\\0&0&1/4&1/3&0&1/2&0&0\\0&0&0&0&0&0&0&0\\0&0&0&0&0&0&0&0\\0&0&0&0&0&0&0&0\end{bmatrix}。$$

经计算可得出$\overline{\boldsymbol{B}}$的特征值及相应的特征向量，如表4-2所示。

表4-2　矩阵$\overline{\boldsymbol{B}}$的特征值与相应的特征向量

特征值	1.0000	−0.5000	−0.5000	−0.0000	0.0000	0.0000	0.0000	−0.0000
特征向量	0.0688	−0.2500	−0.2500	−0.8165	−0.0000	−0.1942	0.[illegible]561	−0.1942
	0.3442	0.2500	0.2500	0.4082	−0.7071	0.7839	−0.4536	−0.5897

续表

特征向量	0.2754	0.5000	0.5000	0.0000	0.0000	0.0000	0.0000	0.0000
	0.8261	−0.7500	−0.7500	0.0000	0.0000	0.0000	−0.0000	0.0000
	0.3442	0.2500	0.2500	0.4082	0.7071	−0.5897	−0.4536	0.7839
	0.0000	0.0000	0.0000	0.0000	0.0000	0.0000	0.0000	0.0000
	0.0000	0.0000	0.0000	0.0000	0.0000	0.0000	0.7511	0.0000
	0.0000	0.0000	0.0000	0.0000	0.0000	0.0000	0.0000	0.0000

由表 4-2 可以看出，$\overline{\boldsymbol{B}}$ 的正最大特征值 Eig_max = 1.0000，相应的特征向量为（0.0688，0.3442，0.2754，0.8261，0.3442，0.0000，0.0000，0.0000）。

分量值节点 4 最大，即 1995 年卡伦堡工业共生体中提供废弃物能力最强的企业是节点 4——Asnaes 发电厂。事实也正如此，Asnaes 发电厂为除了 Kemira 硫酸制造厂以外的各主体企业提供废弃物。节点 2 和 5 有相同的分量值，节点 7、9、10 的分量值均为 0，实际上这三个节点企业并不向其他企业提供废弃物；相对来说，节点 7 的入度最大，节点 9 和 10 入度相同，但节点 9 接受来自相对重要的节点 4 的废弃物，所以这三个节点依次排序为（7，9，10）。

因此，从提供废弃物的角度来说，1995 年卡伦堡工业共生体中主体企业的重要性排序为（4，5，2，3，1，7，9，10）。

（2）将邻接矩阵 $\boldsymbol{B}$ 归一化得到矩阵 $\overline{\boldsymbol{B}}_h$ 后转置，得到矩阵 $\overline{\boldsymbol{B}}_h^T$：

$$\overline{\boldsymbol{B}}_h=\begin{bmatrix} 0 & 0 & 1 & 0 & 0 & 0 & 0 & 0 \\ 0 & 0 & 1/3 & 1/3 & 0 & 0 & 0 & 1/3 \\ 0 & 0 & 0 & 1 & 0 & 0 & 0 & 0 \\ 1/6 & 1/6 & 1/6 & 0 & 1/6 & 1/6 & 1/6 & 0 \\ 0 & 0 & 1/3 & 1/3 & 0 & 1/3 & 0 & 0 \\ 0 & 0 & 0 & 0 & 0 & 0 & 0 & 0 \\ 0 & 0 & 0 & 0 & 0 & 0 & 0 & 0 \\ 0 & 0 & 0 & 0 & 0 & 0 & 0 & 0 \end{bmatrix};\overline{\boldsymbol{B}}_h^{\mathrm{T}}=\begin{bmatrix} 0 & 0 & 0 & 1/6 & 0 & 0 & 0 & 0 \\ 0 & 0 & 0 & 1/6 & 0 & 0 & 0 & 0 \\ 1 & 1/3 & 0 & 1/6 & 1/3 & 0 & 0 & 0 \\ 0 & 1/3 & 1 & 0 & 1/3 & 0 & 0 & 0 \\ 0 & 0 & 0 & 1/6 & 0 & 0 & 0 & 0 \\ 0 & 0 & 0 & 1/6 & 1/3 & 0 & 0 & 0 \\ 0 & 0 & 0 & 1/6 & 0 & 0 & 0 & 0 \\ 0 & 1/3 & 0 & 0 & 0 & 0 & 0 & 0 \end{bmatrix}。$$

经计算可得出 $\overline{\boldsymbol{B}}_h^T$ 的特征值及相应的特征向量，如表 4-3 所示。

表 4-3　矩阵 $\overline{\boldsymbol{B}}_h^T$ 的特征值与相应的特征向量

特征值	0.0000	0.0000	0.0000	0.7926	−0.3963	−0.3963	−0.0000	−0.0000
					+0.4398i	0.4398i	+0.0000i	−0.0000i
特征向量	0.0000	0.0000	0.0000	0.1613	−0.0266	−0.0266	−0.0000i	−0.0000
					+0.2084i	−0.2084i	−0.0000	+0.0000i

续表

	0.0000	0.0000	0.0000	0.1613	0.4594	0.4594	−0.0000	−0.0000
					+0.2084i	−0.2084i	−0.0000	+0.0000i
	0.0000	0.0000	0.0000	0.5005	−0.4866	−0.4866	−0.0000	−0.0000
					−0.1287i	+0.1287i	−0.0000i	+0.0000i
	0.0000	0.0000	0.0000	0.7671	−0.0266	−0.0266	0.0000	0.0000
					−0.5658i	+0.5658i		
特征向量	0.0000	0.0000	0.0000	0.1613	0.0706	0.0706	−0.2615	−0.2615
					+0.2084i	−0.2084i	−0.0000i	+0.0000i
	1.0000	0.0000	0.0000	0.2291	−0.0266	−0.0266	0.0000	0.0000
					+0.1410i	−0.1410i	−0.5519i	+0.5519i
	0.0000	1.0000	0.0000	0.1613	−0.0266	−0.0266	−0.0000i	−0.0000
					+0.2084i	−0.2084i	−0.0000i	+0.0000i
	0.0000	0.0000	1.0000	0.0678	0.0972	0.0972	0.6898	0.6898
					−0.0674i	+0.0674i	−0.3889i	+0.3889i

注：i 表示复数中的虚数单位

由表 4-3 可以看出，$\overline{\boldsymbol{B}}_h^T$ 的正最大特征值 Eig_max = 0.7926，相应的特征向量为（0.1613，0.1613，0.5005，0.7671，0.1613，0.2291，0.1613，0.0678）。

显然，节点企业 4——Asnaes 发电厂接受来自于节点 2——Statoil 精炼厂、节点 3——Gyproc 石膏板厂和节点 5——Novo Nordisk 制药厂提供的废弃物，是整个共生网络中接受废弃物能力最强的企业，从接受废弃物的角度来看，其重要性排在第一位，处于核心地位。其次是节点 3——Gyproc 石膏板厂和节点 7——水泥厂。节点 1、2、5、9 对应了相同的分量值，综合入度、出度及与其链接企业的相对重要性来考虑，其排序为（5，2，1，9）。

因此，从接受废弃物的角度来说，1995 年卡伦堡工业共生体中主体企业的重要性排序为（4，3，7，5，2，1，9，10）。

4.3 拓扑结构下园区系统中的主生态工业链

4.3.1 园区中主生态工业链的界定

世界各国都在积极筹建新的生态工业园区或是对旧的工业园区进行生态化改造，但真正成功的范例并不多。即便是堪称生态工业园区典范的卡伦堡工业共生体系，也曾出现过不稳定的迹象。究其根本，生态工业园区由众多企业组成，企业间或紧密或松散的联系取决于经济效益的多少，这是由市场经济所决定的。尽管环境效益和社会效益是管理者与公众甚或是企业共同期盼的，但具有“理性人”特质的企业的天性是逐利的，环境效益和社会效益从某种意义上来说只是生态工业园区的副产品。换句话说，获得经济效益是企业的“个体理性”，而作为副产品的环境效益和社会效益却是“集体理性”的结果。

因为企业的逐利天性，任何可能使其利益增加或受损的因素都有可能导致企业行为的异常波动，并将沿着其所在的生态工业链进行传播，对整个生态工业网络的稳定性产生影响。如同自然生态系统的演化，生态工业园区也会经历从简单到复杂的链网结构。一般来说，生态工业园区中的链网结构越复杂，生态工业园区就越稳定。但复杂的链网结构中，企业之间的依赖程度升高，相应的风险也会增加。此外，不同的企业在生态工业链网结构中的地位也不同，对整个工业生态系统运行的影响也不同。有的企业产生的废弃物量很大，可以同时供给多家下游企业；有的企业处理废弃物的能力很强，可以同时接受多家上游企业的废弃物；有的企业可能处于某个关键的节点，在生态工业链网中扮演着承上启下的关键角色。这些企业所在的稳定运行的生态工业链在整个园区中的地位与一般的工业链不同，对生态工业园区的稳定运行起着至关重要的作用，称为生态工业园区的“主生态工业链”，如鲁北企业集团中的合成氨生态工业链。

生态工业园区中的主生态工业链是指对园区的稳定性起决定作用并最能实现其功能的生态工业链，在园区中处于核心地位。生态工业园区的主生态工业链应该从以下几个方面来界定。

（1）主生态工业链所包含的企业自身运营稳定，企业间依赖程度高，整个链条有很强的抗干扰能力。

（2）沿着主生态工业链，可以创造最大的价值流，有最强的经济生产力。

（3）在主生态工业链上的企业间废弃物和能量利用最充分，可以实现最大的环境效益。

4.3.2　主生态工业链上经济生产力和环境效益的协同

经济生产力是各种有形要素与无形要素经过复杂的非线性相互作用和协同而构成的具有动态属性的系统。传统工业园区中的企业利用“资源—产品—废弃物”的生产模式获取收益。不同的是，生态工业园区中的企业是通过“资源—产品—废弃物—再生资源”的周期式动态循环的生产模式来不断获取收益的。

不同的生产模式产生的直接后果如下。

（1）企业间由于副产品的交换产生了合作关系，形成了生态工业链。

（2）在合作中上游企业可以享受废弃物处置带来的收益（直接收益或处置成本的节约），下游企业以更低廉的价格获得原材料，双方均从中获益。

（3）副产品因为有利可图而变成了被再次利用的资源，避免了直接排放对环境产生的损害。

（4）企业间的合作对组织管理提出了更高的要求，也促进了技术的创新、研究和开发以适应新的生产组织形式。

（5）由于生态工业园区中组织管理功能和技术创新等因素，生态工业链上的企业能从副产品中获得更多的环境效益，并进一步促进了环境效益的增加；更重要的是，这一过程形成了一个良性的循环。

生态工业链一经形成，由于链上企业能从中受益，因而都有维护生态工业链稳定运行的动机。园区内已形成链式结构的企业如果接受一个新企业加入其中，必然是因为新加入的企业能够提高链上原有企业的经济效益，使链上的其他企业从中受益，否则，新企业将不被原有的生态工业链所接受。芬兰东部城市 Joensuu 曾经试图在已有的生态工业园区中通过建造新的发电厂，从而把已有的小型、零散的生态化链接企业进行整合运营，形成一条“主生态工业链”，强化园区的经济生产力，以改变其当时竞争力薄弱的现状。但是，这项工作在技术上不能提升泥煤燃烧效率，致使物质与能源无法充分利用，以及其他一些对环境方面的破坏而被迫中止，新的发电厂并不被原有的生态工业链所接受。

一个新企业的加入被接受，将改变原有的生态工业链的结构，提升其经济效益，促进技术创新，以适应新的组织形式，即新企业成为生态工业链上的节点必然促进生态工业园区经济生产力的提高。同时，新企业的加入将产生新的共生关系来完成对副产品的开发利用，也有助于环境效益的提高。

例如，由于制糖产业的周期波动明显，制糖企业在经营环境、市场价格等方面往往面临着极大的风险。广西贵港（制糖）生态工业园区延伸了以制糖企业为核心的生态工业链，开发了“甘蔗—制糖—废糖蜜制酒精—酒精废液制复合肥—复合肥返田”及“甘蔗—制糖—蔗渣造纸—制浆黑液碱回收”两条主生态工业链，此外还形成了“制糖滤泥—制酒精”等副生态工业链，如图 4-4 所示。这些生态工业链的开发使废弃物得到了充分利用，在节约资源、降低成本的同时治理了工业污染。园区的经济效益提高了，园区也获得了极大的环境效益，更重要的是多元化生产大大加强了园区的抗风险能力，实现了可持续发展。

从图 4-4 可以看出，生态工业园区中企业以生态工业链的形式相互连接，使资源与能源得到充分的利用，大大提高了系统的经济生产力，与此同时，环境效益也相伴而生。在副产品交换的过程中，获得超额收益的企业不断地完善组织管理功能并进行技术整合和创新，以期更好地从废弃物利用中追求更高的经济效益，园区因此而获得更高的环境效益。所以，生态工业园区中的经济生产力和环境效益是相辅相成、密不可分的。

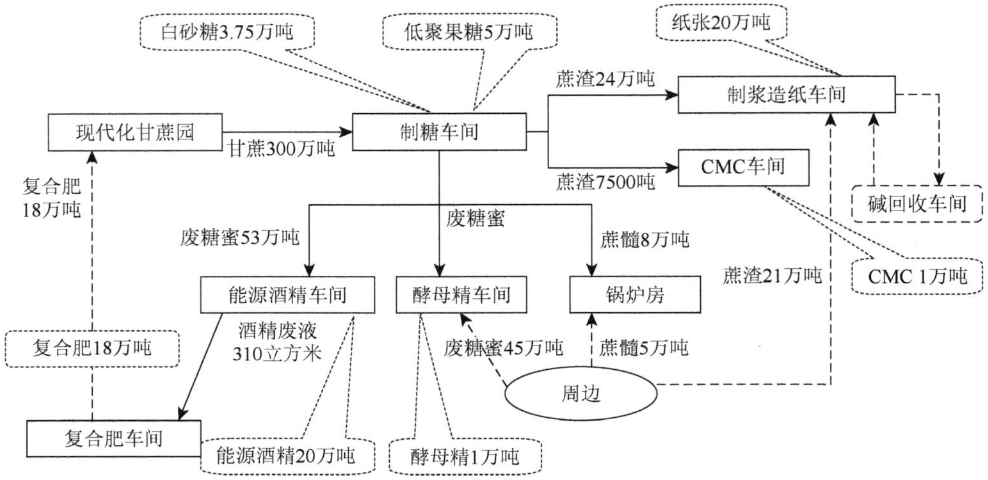

图 4-4 贵港主要生态工业共生结构示意图

CMC 表示羧甲基纤维素；虚线表示其中的某段工艺或产品

4.3.3 主生态工业链的识别

主生态工业链在园区中有最强的经济生产力，是能获得最大环境效益的生态工业链。核心企业由于与园区内众多企业之间存在废弃物利用的共生关系，成为生态工业园区中的主导企业，如卡伦堡工业共生体中的 Asnaes 发电厂和广西贵港（制糖）生态工业园区中的制糖企业。从核心企业出发，逐步向上（下）搜索与其资源和能源交换最为活跃的上游（下游）企业，可确定生态工业园区中的主生态工业链。

图 4-5 是广西贵港（制糖）生态工业园区的主要共生关系的拓扑结构图。从核心企业——制糖车间（含低聚果糖）开始向上搜索，甘蔗园是主要的资源产地，应纳入生态工业链。向下搜索时，造纸车间利用大量的蔗渣造纸，解决环境污染问题的同时产生了巨大的经济效益，也应纳入生态工业链。因此，“甘蔗—制糖—蔗渣造纸（①→②→③）”是生态工业园中的一条主生态工业链。除了造纸车间，流经能源酒精车间的废糖蜜也创造了极大的经济价值，进而酒精废液制复合肥进一步延伸了生态工业链，从而找到了园区中的另一条主生态工业链“甘蔗—制糖—废糖蜜制酒精—酒精废液制复合肥—复合肥返田（①→②→⑤→⑦→①）”。事实上，任何一个生态工业园区从核心企业出发，借用 MatLab 软件编程（见附录），总可以找出价值增值最大的生态工业链。由于生态工业园区特有的生产模式，价值增值主要来源于基于副产品交换的生态工业链上企业间的合作，因此，价值增值最大的生态工业链往往环境效益也最高。

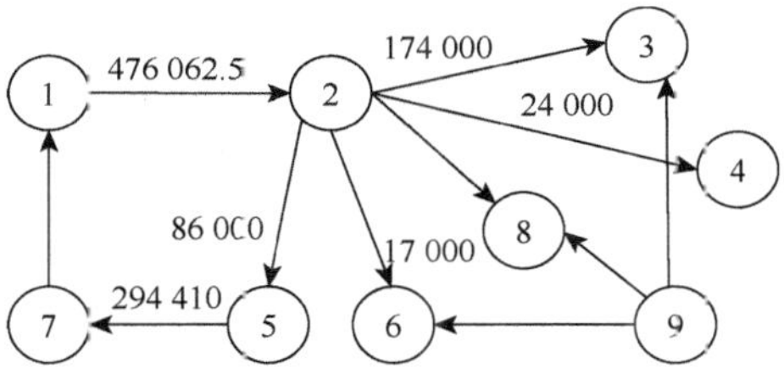

图 4-5 贵港生态工业共生关系拓扑结构示意图

1 表示现代化甘蔗园；2 表示制糖车间；3 表示制浆造纸车间；4 表示 CMC 车间；5 表示能源酒精车间；6 表示酵母精车间；7 表示复合肥车间；8 表示锅炉房；9 表示周边。其中，甘蔗 350 元/吨，低聚果糖 85～95 元/千克，白糖 6950 元/吨，CMC 18～30 元/千克，能源酒精 4300 元/吨，酵母精 17 000 元/吨，纸张（卫生纸）8700 元/吨，复合肥 2250～2740 元/吨

4.4 生态工业网络中的社团结构

4.4.1 生态工业网络的复杂性

一般来说，一个网络系统称为复杂网络应包含三个方面的内容：首先是结构具有复杂性，网络的连接结构应该是错综复杂并且是可变化的（如节点之间连接的方向或权重的变化）；其次是处于网络中的节点具有复杂性（如节点行为随时间变化）；最后是网络会受到各种各样的因素的影响。

生态工业网络具有一定程度的复杂性是工业生态领域的普遍观点。事实上，生态工业网络中的节点企业之间通过物质与能量的流动形成各种工业共生关系，但这种关系并非是一成不变的，而是处于不断进化之中，有的得到加强，有的被终止，也有新的共生关系涌现，使生态工业网络的结构出现复杂性；另外，网络中的节点企业由于市场、政策和其他企业行为等各种各样的因素而不断调整自己的行为，也会使整个生态工业网络的复杂性增加。但是，不同生态工业园区具有不同程度的复杂性。宋雨萌和石磊（2008）从物质与能量关联的角度研究了卡伦堡工业共生体 1975 年、1985 年和 1995 年的工业共生关系，得出其低复杂性的结论，并将之归结于卡伦堡工业共生体的共生网络节点数少而节点之间关系非常密切抑制了复杂性特征的涌现。与此同时，通过对河南巩义市本地系统和大系统的研究，证实了当物质与能量关联且系统节点数达到一定规模时，工业共生系统才有可能具有较高的复杂性。

目前，我国生态工业园区的发展呈现两种态势。一种是卡伦堡工业共生体式，园区内企业数量较少且企业之间联系紧密，一般以某核心企业为主导建设而成，如广西贵港（制糖）生态工业园区；另一种是园区内企业众多，且企业间关系错综复杂，存在大量的物质、能量和信息等资源的交换而形成的相对复杂的生态工业网络，如长沙经开区。对于不太复杂的生态工业网络，结构较为简单，核心企业和主生态工业链明显，调控目标明确。对于复杂的生态工业网络，结构的复杂性将带来运营管理上的复杂性，如何将一个复杂的网络合理地分割成较为简单的子结构，是生态工业园区研究中的一个崭新而有意义的研究方向。

4.4.2 复杂生态工业网络中的社团结构

社团结构是反映复杂网络整体性质的重要特征之一，即整个网络是由若干个“群”或“团”构成，每个群内部节点之间的联系相对紧密，但各个群之间的连接相对来说比较稀疏，如图 4-6 所示。网络中社团之间链接的紧密程度代表了连接的状态：链接紧密程度较小时，社团之间连接比较松散；链接紧密程度较大时，社团之间连接比较紧凑。

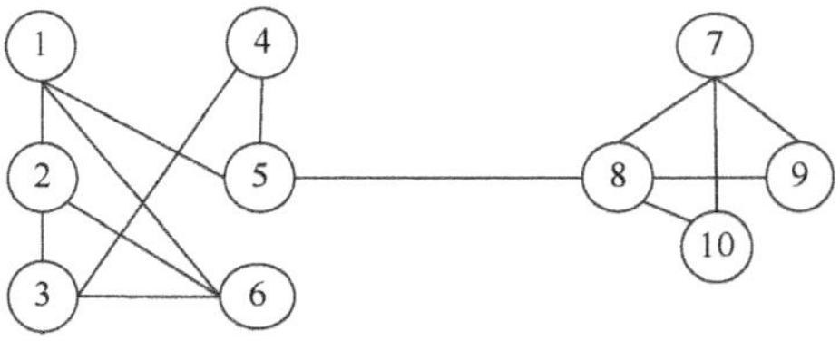

图 4-6 网络中的社团结构示意图

我国的生态工业园区主要分为静脉类、行业类和综合类三种类型；除青岛新天地静脉类生态工业园区一家外，其余的都是行业类或综合类生态工业园区。

行业类生态工业园区大多是由少数几家大型企业（集团）主导，相关配套企业围绕着这几家大型企业所形成的产业集群。所谓产业集群，是指某一产业领域内相互关联的企业及其支撑体系在一定地域内发展并形成的具有持续竞争优势的经济群落。“集群”一词源于生态学，是指以共生关系共存于同一栖所中的不同动植物群落。产业集群中的企业也具有类似的共生关系，集群内成员企业可以就近获取所需的各类资源，从而节约生产成本、运输成本和运营成本。更重要的是，集群内的企业并不是简单的“聚合”，而是存在有意识的互动与合作。大量同行业内相关企业的正式与非正式的交流及合作，有利于企业获取创新信息和知识，产生知识外溢效应；集群内部形成一种相互依赖和信任的关系，不仅降低了交易费用，而且使行业内的深度分工有可能实施，从而形成产业竞争优势。这类园区内企业围绕着主导企业形成了一个关系比较密切的网络形式，是单社团结构。例如，广西贵港（制糖）生态工业园区和鲁北企业集团就属于这一类。

综合类生态工业园区则一般是由多个不同产业的大型企业（集团）及相关配套企业的产业集聚所形成。所谓产业集聚，是指同一产业或不同产业及其在价值链上相关的支撑企业在一定地域集中、聚合的过程，在这一过程中，资本、劳动、人才及基础设施等生产要素大量集聚和有效集中，从而实现了生产力在空间布局上的优化。众多中小企业围绕着各自行业内的主导企业，形成了以行业内核心企业为中心的多社团结构。各个社团内，企业之间关系密切；各个社团之间，尽管也有副产品交换的共生关系，但这种关系比较薄弱，社团之间关系比较松散，如长沙经济技术开发区和北京经济技术开发区。

尽管生态工业园区一般有比较明显的产业结构，但园区内部分企业可能参与多个社团内的共生，与多个社团内企业有副产品交换关系，从而任何一个社团内的扰动都有可能通过这类连接企业传播到整个园区，进而对园区的稳定性产生影响。因此，发现生态工业网络中的社团结构，以及参与多社团共生的连接企业，对于园区系统的稳定性分析及调控目标的寻求都是非常有意义的。

4.4.3 复杂生态工业网络中的社团结构发现

寻找复杂网络中社团结构的算法有很多，主要是源于计算机科学中的图形分割和社会学中的分级聚类，各类算法各有其优缺点。图形分割方法大多采用二分法，缺点在于需要事先知道社团的数目以决定二分法要重复到哪一步为止，否则难以将网络分解为合理个数的社团；而分级聚类方法不能从网络的拓扑结构来判断它所求的社团是否是实际网络中的社团结构，需要一些附加的信息对结果进行再判断。本节通过对网络拓扑性质及相关聚类算法进行研究，利用基于标准 Laplace 矩阵的谱平分法对生态工业网络中的社团结构进行分类。

一个生态工业网络中社团结构分类的依据是社团内企业间联系的紧密程度，与共生关系中企业主从地位的状态无关，此时生态工业网络的拓扑结构是一个无向网络。显然，其邻接矩阵 $\boldsymbol{A}=(a_{ij})$ 是一个主对角元为 0 的实对称矩阵，其中 $a_{ij}=0$（或 $a_{ij}=1$），表示两个节点企业间没有（或有）共生关系。另外，$\boldsymbol{K}$ 是一个对角矩阵，对角线上的元素对应着各个节点企业的度。Capocci 等（2004）对传统的谱平分法做了改进，其算法基于标准 Laplace 矩阵 $\boldsymbol{N}=\boldsymbol{K}^{-1}\boldsymbol{A}$，即邻接矩阵的行归一化矩阵。利用 MatLab 软件对其求特征值及相应的特征向量，显然，矩阵 $\boldsymbol{N}$ 的最大特征值恒为 1，其相应的特征向量称为平凡特征向量。

（1）若网络中有明显的社团结构，社团数目为 k，则矩阵 $\boldsymbol{N}$ 有 k–1 个非常接近 1 的第一非平凡特征值，其他特征值与 1 应有明显的差距。此外，这 k–1 个第一非平凡特征值所对应的特征向量应具有非常明显的结构特征：同一社团内的节点所对应的分量值非常接近，即相应的 k–1 个特征向量中的分量呈阶梯分布，阶梯数就等于社团的数目。因此，利用任何一个第一非平凡特征值对应的特征向量都可以将网络划分为 k 个社团。

（2）当网络中的社团结构不是十分明显时，由于社团内部的节点联系更为紧密，在每个特征向量内，同一社团内部节点对应的分量值更为接近。Capocci 等（2004）提出，通过对若干不同特征向量中分量值求平均值后进行比较，仍然可以获得网络的社团结构。

设 $\boldsymbol{x}=(x_1,x_2,\cdots,x_n)$ 为第一平凡特征向量，定义一个连接参量 r_{ij} 为

$$r_{ij}=\frac{<x_ix_j>-<x_i><x_j>}{[(<x_i^2>-<x_i>^2)(<x_j^2>-<x_j>^2)]^{1/2}}$$

其中，$<\bullet>$ 表示对第一平凡特征向量中相应分量值求取的平均值，则 r_{ij} 的大小就可以用来衡量节点 i 与节点 j 的连接度。

假设某生态工业园区中的共生关系对应的拓扑结构如图 4-6 所示，则其标准 Laplace 矩阵 $\boldsymbol{N}$ 为

$$\boldsymbol{N}=\boldsymbol{K}^{-1}\boldsymbol{A}=\begin{bmatrix}3&0&0&0&0&0&0&0&0&0\\0&3&0&0&0&0&0&0&0&0\\0&0&3&0&0&0&0&0&0&0\\0&0&0&2&0&0&0&0&0&0\\0&0&0&0&3&0&0&0&0&0\\0&0&0&0&0&3&0&0&0&0\\0&0&0&0&0&0&3&0&0&0\\0&0&0&0&0&0&0&4&0&0\\0&0&0&0&0&0&0&0&2&0\\0&0&0&0&0&0&0&0&0&2\end{bmatrix}^{-1}\begin{bmatrix}0&1&0&0&1&1&0&0&0&0\\1&0&1&0&0&1&0&0&0&0\\0&1&0&1&0&1&0&0&0&0\\0&0&1&0&1&0&0&0&0&0\\1&0&0&1&0&0&0&1&0&0\\1&1&1&0&0&0&0&0&0&0\\0&0&0&0&0&0&0&1&1&1\\0&0&0&0&1&0&1&0&1&1\\0&0&0&0&0&0&1&1&0&0\\0&0&0&0&0&0&1&1&0&0\end{bmatrix}$$

$$=\begin{bmatrix}0&1/3&0&0&1/3&1/3&0&0&0&0\\1/3&0&1/3&0&0&1/3&0&0&0&0\\0&1/3&0&1/3&0&1/3&0&0&0&0\\0&0&1/2&0&1/2&0&0&0&0&0\\1/3&0&0&1/3&0&0&0&1/3&0&0\\1/3&1/3&1/3&0&0&0&0&0&0&0\\0&0&0&0&0&0&0&1/3&1/3&1/3\\0&0&0&0&1/4&0&1/4&0&1/4&1/4\\0&0&0&0&0&0&1/2&1/2&0&0\\0&0&0&0&0&0&1/2&1/2&0&0\end{bmatrix}$$

经计算，可得到矩阵 $\boldsymbol{N}$ 的特征值与相应的特征向量，如表 4-4 所示。其中与 1 接近的特征值只有 $\lambda=0.9112$（第一非平凡特征值），故 $k=2$；对应的特征向量（第

一非平凡特征向量）为（−0.2522，−0.3220，−0.3061，−0.1928，−0.0453，−0.3220，0.4117，0.3212，0.4021，0.4021）。

表 4-4 矩阵 *N* 的特征值与相应的特征向量

特征值	1	0.9112	0.4066	0.2287	−0.2727	−0.7287	−0.5813	−0.6305	−0.3333	0
特征向量	−0.3162	−0.2522	−0.0979	0.5709	0.3329	−0.2253	0.4207	−0.3042	5.6770×10^{-16}	0
	−0.3162	−0.3220	−0.3193	-3.4153×10^{-16}	−0.1114	-1.8307×10^{-16}	−0.2001	0.2985	0.7071	0
	−0.3162	−0.3061	0.0277	−0.5709	−0.1303	0.2253	0.1284	−0.5589	1.1915×10^{-16}	0
	−0.3162	−0.1928	0.6724	−0.3917	0.3295	−0.4925	0.1763	0.4603	1.8721×10^{-16}	0
	−0.3162	−0.0453	0.5192	0.3917	−0.0494	0.4925	−0.3334	−0.0216	2.2757×10^{-17}	0
	−0.3162	−0.3220	−0.3193	-1.8284×10^{-16}	−0.1114	1.2596×10^{-16}	−0.2001	0.2985	−0.7071	0
	−0.3162	0.4117	−0.1642	−0.1306	0.5822	−0.1642	−0.4759	−0.2211	7.4460×10^{-16}	0
	−0.3162	0.3212	0.0588	0.0896	−0.6219	−0.3589	−0.0156	−0.1153	-8.5283×10^{-16}	0
	−0.3162	0.4021	−0.1296	−0.0896	0.0728	0.3589	0.4228	0.2668	3.8365×10^{-16}	−0.7071
	−0.3162	0.4021	−0.1296	−0.0896	0.0728	0.3589	0.4228	0.2668	1.6161×10^{-16}	0.7071

从上述计算结果可以看出：①特征向量的分量值分为正、负两个部分：节点 1～6 的分量值为负，属于同一个社团；节点 7～10 的分量值为正，属于另一个社团。②节点 5 的分量值为负，但接近于 0，与其处于两个社团的连接处相关，它的行为对两个社团都有较大的影响。这也提示人们，当任何一个社团内的企业受到干扰时，除了关注该社团内的核心企业及主生态工业链的异常波动外，也要特别关注联结点企业 5 的运营状况，以免其波动危及另一个社团中企业的正常运行，致使整个生态工业园区产生不稳定现象。

5 园区系统调控之一：拓扑结构下的维稳分析

5.1 基于Shapley值的生态工业链抗干扰能力分析

5.1.1 生态工业链上企业合作的客观需求

生态工业园区以工业生态学为主要的理论基础，建立了以工业共生为主体的企业间上下游废弃物交换和利用的关系，形成了一种新的生产形式——生态工业链。但是，生态工业及生态工业园区仍然是新生事物，发展还不成熟，企业间理论上完美的合作在现实中往往难以推进。主要表现如下。

（1）生态工业作为新生事物，市场成熟度较低。生态工业链在相关企业选择合作对象时范围非常有限，较传统产业链还存在一定差距。可选择的范围有限，可能导致生态工业链上的相关企业数量不足，完善程度受到影响；而生态工业链的这种组织结构先天不足的问题，使其极易受到干扰而产生不稳定的现象。

（2）生态工业链上企业间合作程度较低。由于目前大多数生态工业园区的生态工业链主要是在人为的主观认识下规划和设计的，且受制于市场的不成熟，结构比较简单。一般情况下，链上的企业只与有限的几家企业合作，当链上的某个企业受到干扰，由于缺乏风险共担意识，即使其他企业的稳定性较高，整个生态工业链的稳定性也会受到冲击。当生态工业园区中的主生态工业链上某个企业受到干扰时，这种冲击可能波及整个生态工业园区的稳定性，使整个园区出现失稳现象甚至园区面临崩溃的风险。

生态工业链的稳定运营是需要经过市场检验的，只有存在经济利益，生态工业链才能稳定运营。换句话说，只有当企业成为链上的一个节点并能够从中获益时，才能在利益的驱动下，主动维护生态工业链的稳定性。因此，新企业要加入原有的生态工业链，必然要获取不少于加入前的自身运营效益；而原有的生态工业链愿意接受新企业的加入，也应能从中获益，即获取不低于新企业加入前的效益。一般来说，生态工业链越长，经济效益与环境效益越好。但同时，由于生态工业链上任何一个企业的波动都将影响到与其合作的其他企业，因此整个系统的稳定也将面临更大的风险。可靠性理论认为，生态工业链系统的稳定性是由链上所有企业的稳定性共同决定的，而生态工业链产生波动大多只来自于个别的薄弱环节，其中稳定性最差的企业对生态工业链的影响最大。但是生态工业的发展还很不成熟，无法通过市场机制实现生态企业的自然“替补”。因此，从维护生态工业链正常运营的角度来看，生态工业园区中生态工业链尤其是主生态工业链上的企业间加强合作，共同对抗各类干扰来维护自身的稳定性，是非常必要的。

已经有少数学者对生态工业链上企业的定价行为进行过研究。王秀丽和李春发（2006）通过对上、下游企业在生态工业链构建中的不同利益动机及博弈行为的分析，给出了符合博弈主体经济利益要求的构建生态工业链的途径。于海杰（2008）应用博弈理论对单一上游和单一下游企业构成的生态供应链系统中上游企业的副产品和废弃物定价策略进行了研究。已有的少量文献主要集中在生态工业链上企业的个体行为，鲜有文献将生态工业链上企业视为一个整体，并对它们在运行过程中通过效益合理分配等措施共同抵御风险的问题进行研究。本章运用博弈论方法，重新估量生态工业链上的企业产生的价值增值对整个系统的贡献，并考虑合理的再分配方式，以避免因极少数易受干扰且对整个系统有重要贡献的企业的扰动影响整个生态工业链的稳定性，使整个生态工业链的抗干扰能力得到提升。

5.1.2 生态工业链上企业对风险的联抗机制

生态工业园区中的企业通过废弃物利用的上下游关系形成生态工业链，对单个企业来说比独自经营时获得更多的经济效益，对整个园区来说获得了环境效益和社会效益，是个人理性与集体理性的共赢。生态工业链上的企业间尽管有合作，但基本上都是从自身的收益和成本角度进行核算，最大化自身的利润函数。当一家企业受到干扰时，很容易影响上下游的合作企业，波及整个生态工业链。目前针对生态工业链的研究大多集中在生态工业链的构建与设计、生态工业园区的指标评价及规划设计等方面，很少有对生态工业链上的企业间联合抵抗外来风险（抵抗力），或生态工业链上个体企业的利益与整个系统的目标冲突方面的研究，而这类问题往往会给生态工业链的稳定运行带来风险，甚至使企业之间的合作失败。一个生态工业园区中企业众多，关系错综复杂，因此，以生态工业链尤其是主生态工业链为目标，探讨在生态工业链上企业间合理地进行利润分配的有效形式，使受到干扰的或稳定性较差的企业能从合作中受益，提高生态工业链抗干扰的能力，对整个生态工业园区的稳定性来说是十分有益的。

假设有 n 个人从事某项经济活动，对于其中若干人组成的每一种合作（单个人也视为一种合作形式），都会得到一定的效益。当人们之间的利益是非对抗性利益时，合作中人数的增加不会引起效益的减少。这样，n 个人的合作将带来最大效益，n 个人的集合及各种合作的效益就构成 n 人合作博弈。1953 年，L. S. Shapley 给出了一种 n 人合作博弈的最佳效益分配方案——Shapley 值法。

Shapley 值法是一种对合作者进行公平分配的方案，其前提是合作者之间是非对抗性的：生态工业园区中企业的合作是为了追求更高的经济效益（为了更廉价的原材料来源，或为了解决废弃物的排放成本等），一个新的企业要加入已有的生态工业链，必定不会使原有生态工业链的效益减少，否则，它将因不得不对其他企业进行“补偿”而难以为继，或是直接被其他企业“拒之门外”。但是，生态工业链一旦形成，个别企业受到干扰，这种影响将不再局限于企业本身，而将波及整个生态工业链，即任何个体企业的行为都有可能影响整个系统的价值实现。因此，生态工业链上企业间因追求更高效益的共同目标，需要齐心协力，建立相对稳定的合作关系。其中最好的方式就是风险共担，即确定各个企业创造的价值与整个生态工业链创造的价值之间的关系，根据个体企业对整个生态工业链的贡献对利润进行合理再分配。这不仅有助于最大限度地调动生态工业链上各主体企业的积极性，同时也弱化了个别企业受到干扰时的冲击力，维护了受干扰企业在干扰期的利益，避免了干扰在整个生态工业链上的蔓延，有效地维持了整个生态工业链的稳定运行。

假定一个生态工业链上有 n 家企业，设为集合 $I=\{1,2,\cdots,n\}$，如果对 I 的任一子集 s 都对应着一个实值函数 v（s），满足

$$\begin{cases} v(\phi)=0 \\ v(s_1 \cup s_2) \geqslant v(s_1)+v(s_2),\ s_1 \cap s_2=\phi \end{cases}$$。

其中，v 表示博弈的特征函数；s 表示 n 家企业的任何一种合作；$v(s)$表示相应的合作效益。$[I, v]$定义为 n 人合作博弈。

（1）$v(\phi)=0$ 表示生态工业链上没有任何企业，效益为 0。

（2）$v(s_1 \cup s_2) \geqslant v(s_1)+v(s_2), s_1 \cap s_2=\phi$ 表示任意两组不重合的企业集合合作（表现为新企业加入延长原有生态工业链，或支链间联结），合作后产生的效益不小于合作前的效益之和。

用 x_i 表示 I 的成员 i 从合作的最大效益 $v(I)$中应得的一份收入，则 $x=(x_1,x_2,\cdots,x_n)$ 称为合作博弈的分配，满足

$$\begin{cases} \sum_{i=1}^{n} x_i = v(I) \\ x_i \geqslant v(i),\ (i=1,2,\cdots,n) \end{cases}$$。

其中，$x_i \geqslant v(i),(i=1,2,\cdots,n)$ 表示任何一个成员企业从合作中获得的效益应不小于其加入合作前独自运营的效益。

Shapley 值由特征函数 v 确定，记为 $\Phi(v)=(\varphi_1(v),\varphi_2(v),\cdots,\varphi_n(v))$。对于任意的子集合 s，记 s 中各成员的分配为 $x(s)=\sum_{i \in s} x_i$。设定一切 $s \subset I$，满足 $x(s) \geqslant v(s)$ 的 x 组成的集合为$[I, v]$的核心。当核心存在时，所有 s 的分配均不小于 s 的效益，此时，可将 Shapley 值作为一种特定的分配，即 $x_i=\varphi_i(v)$。$\varphi_i(v)$ 定义为

$$\varphi_i(v)=\sum_{s\in S_i}\varpi(|s|)[v(s)-v(s\setminus i)],(i=1,2,\cdots,n);\ \varpi(|s|)=\frac{(n-|s|)!(|s|-1)!}{n!}。$$

其中，s_i 表示 I 中包含 i 的所有子集；$|s|$ 表示子集 s 中元素数目；$\varpi(|s|)$ 表示加权因子；$s\setminus i$ 表示 s 去掉 i 后的集合。

假设某生态工业链上有甲、乙、丙三家企业，独自经营时它们的效益均为 1；甲、乙合作时效益为 7；甲、丙合作时效益为 5；乙、丙合作时效益为 4；甲、乙、丙合作时效益为 10。可以看出，无论何种合作方式下获取的效益都远高于各企业独自经营时的效益之和，企业间必然选择合作；反而言之，当生态工业链上任何一家企业因遭到干扰而退出原有的合作，则其他企业也必然遭受损失。因此，其他企业有动力与被干扰企业一起共同抵御风险，维护生态工业链的稳定运行。Shapley 值不仅考虑各个企业自身创造的价值，更重要的是考虑到各企业的存在对整个生态工业链的贡献率，并据此进行效益分配。

上述实例可表述为 $I=\{1,2,3\}$，$v(\phi)=0$，$v(1)=v(2)=v(3)=1$，$v(1,2)=7$，$v(1,3)=5$，$v(2,3)=4$，$v(I)=10$。Shapley 值分配结果见表 5-1。

表 5-1 不同情况下生态工业链中各企业的分配 $\varphi_i(v)$ 的计算

s	1	{1, 2}	{1, 3}	{1, 2, 3}	2	{1, 2}	{2, 3}	{1, 2, 3}	3	{1, 3}	{2, 3}	{1, 2, 3}
$v(s)$	1	7	5	10	1	7	4	10	1	5	4	10
$v(s\setminus i)$	0	1	1	4	0	1	1	5	0	1	1	7
$v(s)-v(s\setminus i)$	1	6	4	6	1	6	3	5	1	4	3	3
$\|s\|$	1	2	2	3	1	2	2	3	1	2	2	3
$\varpi(\|s\|)$	1/3	1/6	1/6	1/3	1/3	1/6	1/6	1/3	1/3	1/6	1/6	1/3
$\varpi(\|s\|)[v(s)-v(s\setminus i)]$	1/3	1	2/3	2	1/3	1	1/2	5/3	1/3	2/3	1/2	1
$\varphi_i(v)$	4				3.5				2.5			

因此在生态工业链正常运营的情况下，链上的企业 1、企业 2 和企业 3 的分配分别为 $\varphi_1(v)=4$、$\varphi_2(v)=3.5$ 和 $\varphi_3(v)=2.5$。显然，

$$\begin{cases}\varphi_i(v)>v(i),(i=1,2,3)\\ \varphi_1(v)+\varphi_2(v)>v(\{1,2\}),\varphi_1(v)+\varphi_3(v)>v(\{1,3\}),\varphi_2(v)+\varphi_3(v)>v(\{2,3\})。\end{cases}$$

第一个式子表明任何一家企业加入生态工业链都获得了比独自运营时更高的效益；第二个式子表明在生态工业链上任何两家企业获得的效益之和都高于原有合作下的效益。因此，任何一家企业退出原有的生态工业链，余下企业的效益也将减少。因而生态工业链一旦形成，链上企业构成一个利益共同体，必然共同维护整个系统的稳定运行。例如，当链上的企业 1 受到干扰面临退出生态工业链的风险时，剩下企业 2 和企业 3 合作，它们的效益也随之受到影响，从

$\varphi_2(v)+\varphi_3(v)=6$ 变成 $v(\{2,3\})=4$，收益差为 2；为了维护生态工业链的稳定运行，企业 2 与企业 3 将有动力保护企业 1 维持运营的最低效益，与其共担风险。企业间这种共担风险的行为无疑将大大提高生态工业链的抗干扰能力。

Shapley 值考虑的是生态工业链上各个企业的贡献率，因此 f_i 可定义为每个企业应得的收益比，即

$$f_i=\frac{\varphi_i(v)}{\sum\limits_{i\in I}\varphi_i(v)}\times 100\%(i=1,2,\cdots,n)。$$

当企业 i 受到干扰时，只要其余企业在干扰后所能获得的分配不低于它们合作时的效益，则它们不会断掉与企业 i 的链接，而是选择与其共担风险。

在上例中，企业 1、企业 2 和企业 3 三家企业在整个生态工业链系统中效益的分配为 40%、35%和 25%。假设企业 1 受到干扰后，生态工业链的效益变为 y，则企业 2 和企业 3 的分配分别为 $35\%\times y$ 和 $25\%\times y$。只要 $\varphi_2(v)+\varphi_3(v)=35\%\times y+25\%\times y\geqslant v(\{2,3\})$，即 $y\geqslant\frac{20}{3}$，则企业 2 和企业 3 将选择与企业 1 继续合作；而此时企业 1 能从中获得的收益为 $40\%\times y\geqslant 25\%\times\frac{20}{3}=\frac{5}{3}>1$，甚至高于企业 1 独自运营时的效益。这一结果表明，当企业 1 受到干扰时，整个生态工业链的效益发生 $10\rightarrow\frac{20}{3}$ 的过程，因企业 2 和企业 3 在生态工业链上的分配之和不低于单独合作时的效益，因此将选择与企业 1 继续合作，而企业 1 在继续合作的过程中所获得的收益甚至高于其独自运营时的收益，也将选择继续合作。最终，整个生态工业链得以稳定运行。

Shapley 通过构建公理体系，严格证明了 Shapley 值法是对 n 人合作博弈的一种公平的分配方案，其根据贡献率计算分配的方式对非对抗性的生态工业链上的企业来说是适合的。并且，在这种分配方式下，企业有更强的主动性，尽可能保持合作，大大提高了生态工业链的抗干扰能力。我国鲁北企业集团选择了统一核算方式，其中的硫酸厂从市场角度来看尽管时有亏损，但它的存在有利于整个生态工业链效益的提高，因此从贡献率的角度计算收益，可以使各方受益，硫酸厂也变亏损为盈利。

5.2　社团结构下园区系统的维稳分析

生态工业园区是循环经济的实现形式，园区内不同企业在一定地理区域内基于副产品交换产生的工业共生关系而形成生态工业网络，以期在整个网络内实现物质和能量的最大利用。生态工业园区中企业众多，但企业地位完全不同。主导企业处于园区的核心地位，其企业行为对整个园区的正常运行有深远影响；其他企业处于相对从属的位置，对园区的影响力较小。因此，生态工业网络具有高度

非均匀性。另外，生态工业网络中的企业之间存在副产品交换关系而相互依赖，因而网络中节点的连接是刚性的。当生态工业网络中某个企业受到干扰，则这种扰动将沿着生态工业链在企业间传递，波及与其关系密切的相邻企业，产生连锁效应。这种连锁效应对整个园区稳定性的影响，取决于受干扰的企业是否为核心企业，以及相应的生态工业网络的社团结构形式。生态工业园区内核心企业的行为能对众多与其相关的企业产生影响，是园区日常运营中监控的重点。一旦发现核心企业的不稳定迹象，或是其他企业可能危及核心企业正常运营的行为，园区管理者应快速做出反应，对园区进行适当的调控，以免整个园区出现不稳定现象。

5.2.1 单社团结构下园区系统的维稳分析

在具有高度非均匀性的生态工业网络中，如果没有明显的社团结构，即整个园区就是一个社团时，上述连锁反应产生的后果可能会很严重，其结果与受干扰企业在园区中的地位有关。

（1）如果受干扰的是不太重要的企业，则影响的只是生态工业网络中的少量相关节点企业，当园区具有一定的冗余度时，网络具有自修复能力，则园区可以恢复到稳定状态。

（2）如果受干扰的是核心企业（或称为高负荷节点企业），因其在生态工业网络中的核心地位，众多企业与之有大量的共生关系，往往“牵一发而动全身”，很有可能对整个生态工业网络产生毁灭性的打击。

广西贵港（制糖）生态工业园区是以广西贵糖（集团）公司为核心构建的生态工业网络，制糖工业是园区的核心支柱产业，其他产业都依赖于制糖工业。园区内以制糖工业为核心构建了两条生态工业链：甘蔗—制糖—废糖蜜制酒精—酒精废液制复合肥—复合肥返田；甘蔗—制糖—蔗渣造纸—制浆黑液碱回收。这两条生态工业链通过中间产品和废弃物的交换构成了横向耦合的关系，并在一定程度上形成了一个纵向闭合的生态工业网络。这一生态工业网络中，其他企业都以制糖工业企业为核心，形成了单一的社团结构。当作为网络核心的制糖工业面临市场和技术变革的压力等风险，或是政府的政策变动时，整个生态工业园区随之面临巨大的挑战。事实上，在我国加入世界贸易组织之后，由于国内的糖料生产和制糖工业面临巨大的冲击，贵港（制糖）生态工业园区中的核心企业——广西贵糖（集团）公司连续两年出现亏损，直到2004年底随着相关辅助配套厂的建成投产才扭亏为盈。

5.2.2 多社团结构下园区系统的维稳分析

对于一个具有社团结构特征的高度非均匀的生态工业网络，情况将有所不同。

当某个子社团中的某个节点企业受到干扰，干扰就会在这个社团中沿着生态工业链迅速传导，对社团内部的其他节点企业产生较大的影响。

（1）如果各个社团之间连接紧密，则这种扰动将迅速蔓延到整个生态工业网络，具有极强的破坏力和影响力，使整个生态工业园区面临巨大风险，甚至有可能致使整个园区崩塌。

（2）如果各个社团之间连接松散，扰动很难向社团外扩散，则这种扰动可能影响生态工业网络中社团内的部分节点企业，但对整个网络不会造成太大的影响。另外，由于单个社团内部的企业数量较整个网络而言少得多，并且联系比较紧密，“一荣俱荣，一损俱损”的现实迫使它们有动力共同抵御风险，抗干扰能力相对较强，即子社团对扰动有一定的容纳能力。所以，对于具有社团结构特征的生态工业网络，即便是某个社团中的核心企业受到扰动，只要社团之间连接较为松散，整个网络也可以保持比较稳定的状态。

长沙经开区是以相对完整的工程机械、汽车及零部件两大主导产业为主，电子信息、新材料、食品饮料等优势产业为辅的多元产业共同发展的改造型生态工业园区。园区内有五大社团结构，分别是以三一集团、中联重科和山河智能为核心的工程机械业；以长丰集团、北汽福田和博世汽配为核心的汽车及零部件制造业；以维胜科技、长城信息为主体的电子信息产业；以力元新材、瑞翔新材为核心的新材料业；以及以娃哈哈、可口可乐为核心的食品饮料业。五大行业间有副产品的交换，但联系比较松散，任何一个行业受到干扰，对其他行业的影响都非常小。近些年来，电子信息产业的占比逐年降低，但整个园区依然保持高速增长的态势。

徐增勇和宋运忠（2008）通过仿真试验表明，在具有明确社团结构的网络中，社团结构强度越大，即社团结构之间连接的边数越多，网络的稳定性越差；当社团之间连接的边数越少，即网络的社团结构强度越小时，网络的稳定性越好。研究生态工业网络中的社团结构有助于了解和分析生态工业园区中系统的特性及结构，并通过对生态工业网络中社团结构间链接紧密程度的控制（即对社团结构间连接边数的控制），维护整个生态工业网络的稳定性。

5.3　基于核心企业及主生态工业链的工业园区结构优化案例分析

5.3.1　工程机械制造业的结构优化

工程机械制造业作为装备制造业的重要组成部分，在世界经济发展中有着重要的地位，是为国民经济各行业提供技术装备的产业，具有经济拉动力强、产业关联度高、技术含量高等特征，是行业产业升级、技术进步的重要保障和国家综合实力的体现，且对国家经济发展和社会就业贡献较大。

工程机械制造业是长沙经开区的重要支柱产业，集聚了三一重工、山河智能等大型上市公司及配件企业 13 家，生产 12 大类、400 多个型号和规格的工程机械产品，占到全国工程机械产品品种的 70%。经开区的工程机械产业已经形成综合比较优势，尤其是产品具有竞争力，其中三一集团泵车市场占有率达 95.5%，拖泵市场占有率达 35.5%，是国内工程机械产业领头羊；山河智能是国内最大的桩工机械生产企业，其液压静力压桩机在国内排名第一，国内市场总体占有率达 50%以上。2010～2015 年园区内工程机械制造业规模以上工业总产值及占全区比例见表 5-2。

表 5-2　2010～2015 年工程机械制造业规模以上工业总产值及占全区比例

年份	2010	2011	2012	2013	2014	2015
工业总产值/亿元	645.9	972.6	987.6	903.2	920.3	903.5
比例/%	70.6	78.1	75.3	62.3	56.2	49.8

工程机械制造业作为为其他行业提供装备的产业，服务领域广泛，产业关联度大，带动性强，投资乘数效应明显。工程机械制造业的发展，既可带动工业链上游的钢铁冶炼、机械基础配件等相关行业的发展，又决定了工业链下游的采掘、能源、建筑、基础设施建设等领域的装备水平和发展层次，如图 5-1 所示。

经开区的工程机械制造业发展主要是依托龙头企业，沿着“技术创新→产业化→技术扩散→产业壮大→产业升级→技术创新”的科技与产业融合的道路发展，工程机械产业群已初具规模，拥有一批具有自主知识产权的产品，研发能力较强。但从生态工业发展的角度，目前经开区工程机械产业发展还存在一些不足。

（1）区内企业间关联度不高。产业内部关联度不高，区域性品牌影响力仍需进一步提高，产业同质化趋势明显，产业同构、特色重叠现象比较突出。

（2）本地配套率较低，配套企业能力相对滞后，发展方向与核心企业吻合性不高。三一重工、山河智能等核心企业形成了哑铃式生产经营模式，即以研发和销售为主，生产过程以装配和对产品质量影响较大的和技术保密要求高的关键零部件的加工为主；普通通用件由外协加工生产，一些关键的原材料、部件、配件还要从省外或国外购买，进口渠道呈现较大的不确定性。工业链处于不稳定状态，难以做到准时生产、迅速反应市场，也难以做到降低成本。

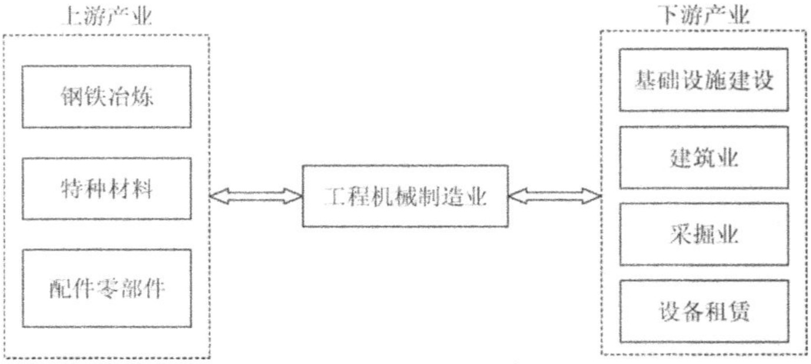

图 5-1　工程机械制造业现有产品链

（3）产业集群处于起步阶段，工业链不长。产业发展大多处于松散型、不稳定的状态，工业链上下延伸不足，没有形成完整的生产链和供应链，难以形成以龙头企业为核心、中小企业紧密配套的区域产业集群组织形式，影响了核心企业做大，中小企业做精、做专、做优、做新。缺乏共同的品牌、共同的市场，难以在激烈的市场竞争中形成整体的、可持续的合力。

（4）产业集群需要一个完善的服务体系与之配套，使之真正发挥产业集聚效应。在长沙工程机械集聚地，各种与工程机械相配套的社会化服务体系，如信息咨询服务、融资服务、法律服务、技术服务、物流配送等社会化服务体系，仍需完善。

鉴于工程机械制造业存在的问题，提出了对其进行生态工业设计的思路如下。

（1）以三一重工、山河智能等优势企业为核心，进一步发展壮大工程机械制造业龙头，引导企业从生产领域向服务领域拓展，延伸和完善从研发、设计、生产到销售、维修、服务、再生的工程机械工业价值链，建成一个集研究开发、成果孵化、生产经营、产业配套于一体，拥有提供公共信息、人才培训、物流配送等综合功能的强势产业集群。

（2）加大对工程机械配套用的功能部件的自主研发力度，进一步巩固既有产品市场优势，发展施工建设机械、汽车起重机械、矿山冶金机械等产品，发展关键核心部件，创新核心技术和关键技术，调整产业组织与促进产业升级，充分利用现有工程机械产品群对上下游的辐射带动力，打造我国工程机械研制基地，为区域经济发展提供强有力的支撑。

（3）逐步延伸产业链，通过引进一、二级零部件供应商，上游延伸到原材料的供给、零部件生产及配送、产品研发，下游延伸到产品展示、产品销售、售后服务和二手设备业务等。

通过上述结构的优化建设，在长沙经开区内形成机械行业内部纵向闭合、机械行业与其他行业的横向耦合的生态工业链（图 5-2）。

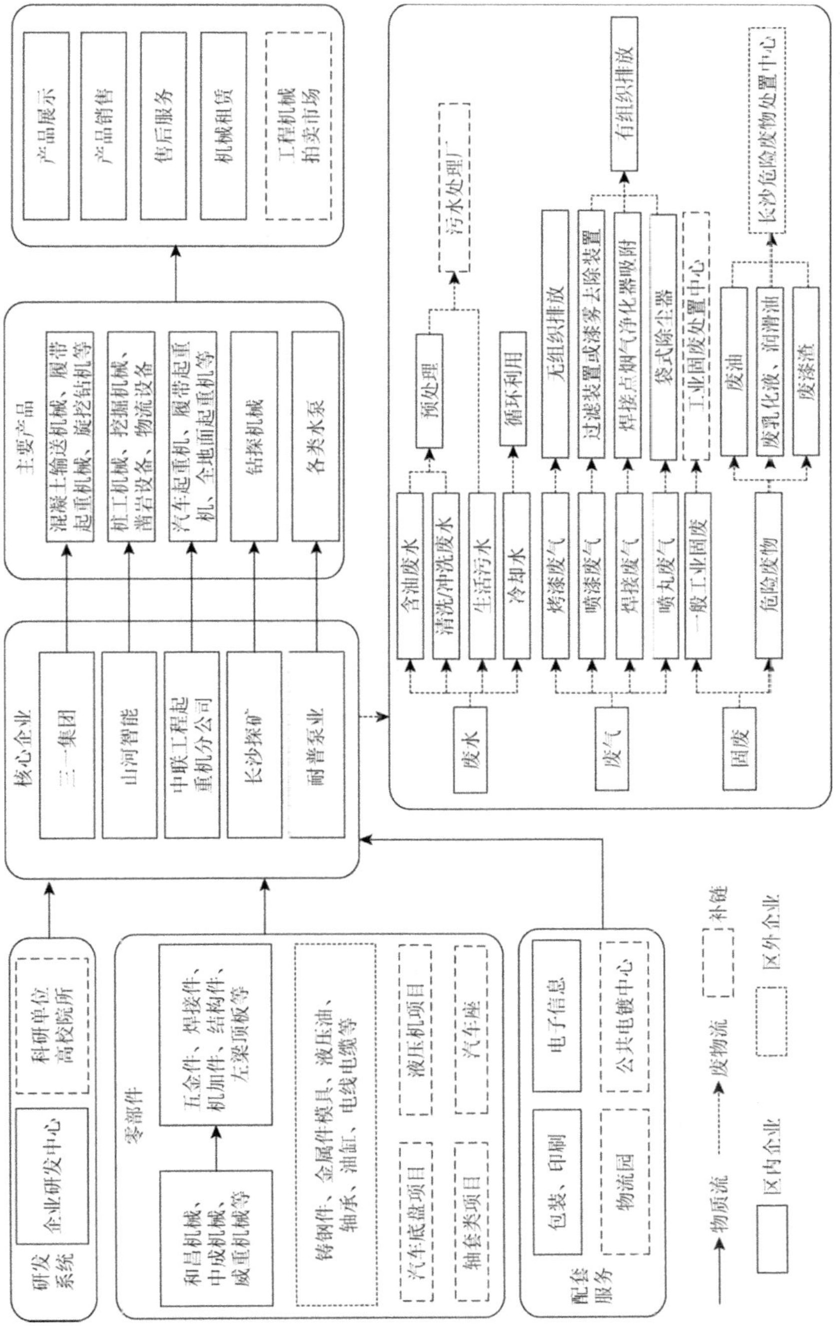

图 5-2 经开区工程机械制造业生态工业链网示意图

5.3.2　汽车及零部件制造业的结构优化

汽车及零部件制造业是经开区的两大支柱产业之一。随着长丰集团、北汽福田等一批汽车主机厂的进驻和发展壮大，形成了对汽车零部件上游企业以及下游企业的强大吸引力，使产业链不断延伸。2015 年，经开区汽车及零部件生产规模企业 31 家，周边配套中小企业数百家，基本形成了车身、车架、车厢、车桥、覆盖件等较为完整的产业链，产业集聚效应逐渐显现，产业规模不断壮大。2010～2015 年园区内汽车及零部件制造业规模以上工业总产值及占全区比例见表 5-3。

表 5-3　2010～2015 年汽车及零部件制造业规模以上工业总产值及占全区比例

年份	2010	2011	2012	2013	2014	2015
工业总产值/亿元	103.9	103.6	112.9	237.0	320.8	413.0
比例/%	11.3	8.3	8.6	16.3	19.6	22.8

经开区汽车及零部件制造业发展中存在的问题主要列举如下。

（1）配套企业多，但企业规模小，产品结构单一。经开区内汽车及零部件产业聚集了生产驾驶室、车身、底盘、汽车电器、车架、货厢、板簧、内饰件等种类齐全的各类零部件生产企业，但是除整车制造和车身生产及底盘类生产企业规模较大外，其余各类零部件行业整体实力不强，企业规模均较小，而且产品结构单一；发动机、汽车电器、液压元件、车用新材料等关键汽车零部件生产企业为数不多，生产能力薄弱，整个零部件生产行业的产品结构和技术结构偏向低端化。

（2）企业间沟通协作不足，产业链结构松散，产业关联度小。整车企业与零部件企业的产品配套能力不强，零部件生产企业在生产规模和技术水平上难以满足整车生产企业快速发展的需要，还未真正形成紧密的纵向产业协作关系。同时，经开区内汽车及零部件制造业与电子信息等其他产业关联度小，缺乏横向耦合。汽车及零部件制造业产业链主要由原材料钢铁、电子产品、橡胶产品等的生产与供应，零部件生产与制造，整车生产与组装三大环节构成。零部件生产与制造、整车生产与组装两大环节是汽车及零部件产业链的核心，而电子技术在汽车上的应用程度决定了汽车的电子化、网络化和智能化水平，它是衡量汽车工业发展水平的重要指标。但是经开区内电子信息产业和汽车及零部件生产行业的关联度较低。

（3）污染仍以末端治理为主，资源综合利用水平低。多数小企业以末端治理为主，缺乏从源头控制的意识。由于单个企业的污染物产生量较少，因此，也并未引起管理部门足够的重视。汽车产业的工业产值逐年增加，但能耗、水耗等资源消耗也在逐年增加，部分企业虽然开展了废水循环利用，但水循环层次较低、循环利用率不高，企业间水耗水平差异较大；由于企业之间没有建立起废弃物代谢链，下脚料、废包装等可回收再利用废弃物基本都直接出售给经开区外的废品回收公司，废弃物没有在经开区汽车及零部件制造业内部及其他产业之间得到循环利用。

（4）工业链条柔性建设有待加强。汽车及零部件行业内的各企业仅针对各自的生产情况进行废弃物综合利用，没有集中考虑统一处理一些同种类的废弃物，更没有从汽车报废后零部件的拆解、处理和资源回收角度进行零部件的设计（包括材料的选择、安装方式、便于拆卸和回收的产品设计）。

总的来说，长沙经开区的汽车及零部件制造业企业关联度较低，各企业之间的产品代谢链接不足，园区内部协同度不高，不能很好消纳自身产生的副产品或废弃物。根据经开区现有产业及其布局、资源现状和园区的初步发展情况，基于产品代谢和废弃物代谢两条主线，以项目为骨干，构建企业内部链接和企业之间的链接，完善与构建汽车及零部件制造业生态工业链。总体思路应考虑以下几个方面。

（1）基于经开区现有汽车及零部件制造业的发展基础，依托广汽三菱、广汽菲亚特、北汽福田、众泰汽车等核心企业，发展和壮大零部件产业，重点引进和建设汽车发动机、变速箱等关键的零部件企业。提高零部件的互换性与标准化，实行供货模块化与同时化，加快零部件商由单一生产向总成生产、一次配套向多次配套转化，从而对整车厂形成更强的亲和力与支持力，实现供应者与生产者的链接。吸引汽车产业链上下游关联度较大的原材料（如钢铁、电子产品、橡胶产品等）相关企业聚集，打造完整工业链。

（2）在企业层面开展清洁生产，从产品的设计、生产、组装、销售到回收再利用全过程进行生态化改造，实现源头削减，做好企业内部的节能减排和废弃物循环利用。

（3）在整个产业层面或者经开区层面上，充分利用共生原理和生产链延伸增值原理、生产链加环增值增效或减耗原理、能量梯级利用和物质循环原理，集聚多个不同种类的相关产业和企业，通过不同工艺之间、产品与资源之间、废弃物与资源的耦合关系，使产业内部、产业之间形成一个结构复杂、功能齐全的相对封闭、循环往复的链网系统，通过采用相对封闭、良性循环的生产模式，尽量延伸产业加工链，最大限度地开发和利用各种资源和主副产品，减少废弃物的排放，以获得产品最大限度增值，同时尽可能保护生态环境。

产品代谢链和废弃物代谢链的设计，使汽车及零部件制造业内的企业与企业之间、汽车及零部件制造业与经开区其他产业之间形成产品（或副产品）和废弃物的交换、能量和水资源的梯级利用，形成生态工业链网的雏形；整体上形成利益共同体，彼此之间互利共生，协调发展，使得不同企业的产品或废弃物有效地整合、集成和管理，提高资源利用效率，减轻对环境的污染。经开区汽车及零部件产业生态工业链网结构规划如图 5-3 所示。

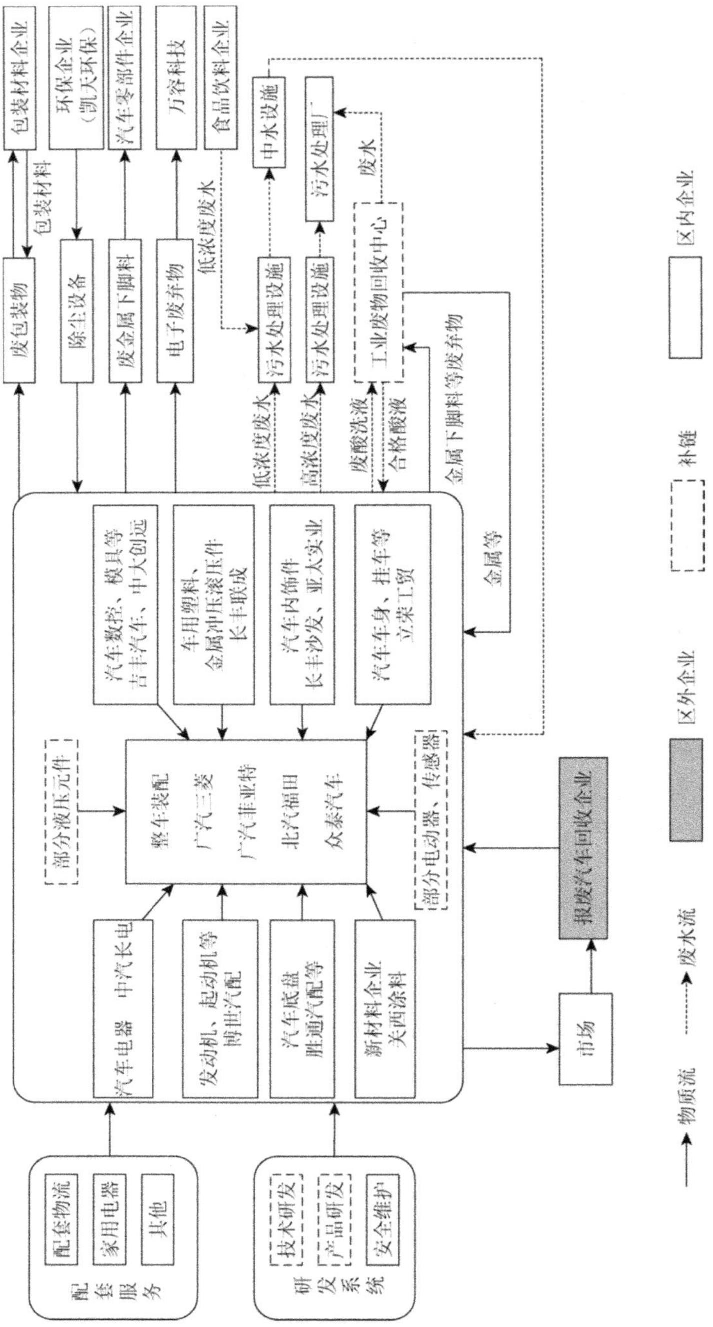

图 5-3　经开区汽车及零部件产业生态工业链网示意图

5.3.3 其他行业的结构优化

5.3.3.1 电子信息行业

电子信息行业工业总产值曾经在整个经开区占有很大比例，2002 年产值最高时占经开区总产值的比例达到 48.9%。由于 LG、HEG 等几家核心企业停产，经开区电子信息行业产值呈下降趋势。2012 年 2 月，蓝思科技正式入驻，在其产品获得苹果公司认证后，其产值迅速突破亿元大关；纽曼科技也在稳步上升，产品市场逐渐扩大。随着蓝思科技榔梨基地项目和创芯科技等相关企业 2014 年陆续投产，2015 年规模以上企业为 25 家，工业总产值达到 222.3 亿元，占全区比例已达到 12.3%，主要产品包括多层集成电路板（维胜科技、凯杰科技）、电脑外围设备（长城信息金融设备、纽曼科技）、电子舞台灯光（明和光电、艾普科技）、输电设备（京广线缆）等。2010～2015 年电子信息行业规模以上工业总产值及占全区比例见表 5-4。

表 5-4 2010～2015 年电子信息行业规模以上工业总产值及占全区比例

年份	2010	2011	2012	2013	2014	2015
工业总产值/亿元	25.4	28.5	56.4	115.2	164.4	222.3
比例/%	2.8	2.3	4.3	7.9	10.1	12.3

在经开区电子信息行业发展生态工业还面临以下问题：①缺乏主机生产企业，产业链不够完整。长沙经开区电子信息行业缺乏主机生产企业，导致经开区目前的电子信息产业链不够完整，企业之间相互依存度不高，市场约束大，利润空间小。区内电子信息行业企业生产的产品涵盖范围窄，沿电子信息通信产业链形成的企业群及清晰的合作关系尚不明显。许多企业生产所需的各种配套产品需要从国外或国内其他地区采购，电子信息行业发展中缺少企业间的互补效应，尚未形成以大企业为龙头、中小企业协作的群体结构，产业链需要进一步完善。②自主创新能力、综合竞争能力有待加强。部分企业创新能力不够强，研发能力跟不上，核心技术多以外来植入为主，过分依赖外来技术支持，缺乏市场竞争力。区内 LG、HEG 和日本旭硝子等是国外著名电子信息企业在经开区设立的生产基地，外资企业产值占电子信息产业产值的比例较大，曾是经开区电子信息产业的主导力量。LG、HEG 和日本旭硝子等企业相继减产转并产，对经开区电子信息行业的发展

产生了很大的冲击作用。因此，在当今以信息技术为显著性标志的全球性科技革命进程中，长沙经开区电子信息行业在发展生态工业时一定要在核心技术产品的研发和应用的关键环节上取得突破性进展，必须进一步加强自主创新和综合竞争能力。

长沙经开区电子信息行业在产品链构建方面，要利用产品代谢理论和生态工业原理对区内电子信息行业结构和产品结构，以及产品链上不同环节的资源和能源利用情况进行分析，找出产品链上的关键环节和薄弱环节，对整个产品链进行系统调控，并且考虑与产品链相关的企业在空间上的合理布局，建立起行业内部的生态工业链；不同的行业之间以产品链为纽带，建立行业之间的联系，形成跨行业的产品代谢链。其包括：①形成以维胜科技为核心的电路板产业链，与区内汽车制造业及区外的市场间形成产品物质流，维胜科技专业生产高精密多层印制电路板（printed circuit board，PCB）和挠性电路板（flexible printed circuit，FPC）。②增强自主创新能力，积极开发新型嵌入式软件，与通用工程机械制造行业形成产业链。充分利用维胜科技等核心企业的经济和技术优势，自主创新，努力研发电子芯片和嵌入式软件等高附加值的产品。③补链引入主机生产企业和包装企业，构成完整的“电路板—主机—包装”产业链。在补链设计中主要引入国内主要彩电和显示器厂家。④废弃物代谢链设计。在园区内引入废塑料再生利用企业，如废纸再生利用企业、废金属再生利用企业，将电子信息行业生产加工和运输过程产生的废纸、废木材、废橡胶、黑色金属废弃物等分类后由这些综合利用企业回收，并转化为资源回用；生产过程产生的废酸可以在企业内部部分回收利用；废有机溶剂、含有色金属废弃物、废有机树脂、表面处理污泥等都属于危险化学品，统一委托有资质的企业处理；少量含铅的废弃物交由有资质的企业回收处理。⑤在园区内，电子信息行业静脉产业发展重点是依托万容科技建立起电子废弃物分类收集体系，为废弃物回收提供条件。积极在企业内部推行清洁生产措施，挖掘企业内部及企业之间废弃物综合利用方法。⑥电子信息行业生产过程需要消耗大量的纯水和冷凝水，在生产过程中可以考虑优化水循环利用过程，根据不同工艺部位需水水质不同来提高水的循环利用率，减少废水排放量。

通过产品代谢链和废弃物代谢链的设计，使电子信息行业内的企业与企业之间、电子信息行业与经开区其他行业之间进行产品和废弃物的交换、能量和废水的梯级利用，形成生态工业链网雏形。整体上形成利益共同体，彼此之间互利共生，协调发展，使得不同企业的产品或废弃物有效地整合、集成和管理，提高资源利用效率，减轻对环境的污染。具体生态工业链如图 5-4 所示。

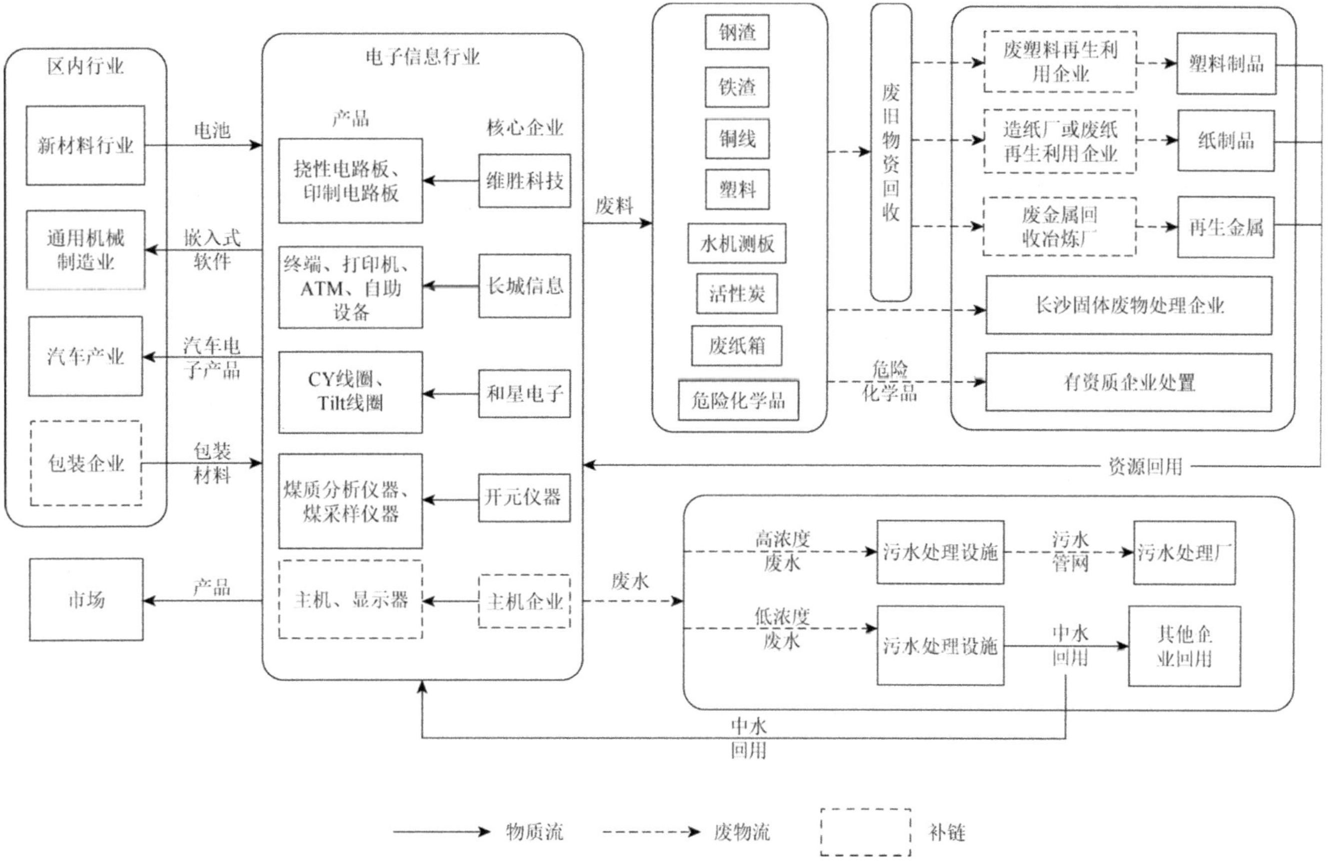

图 5-4 经开区电子信息行业生态工业链示意图

ATM 表示自动取款机，aotomatic teller machine

5.3.3.2 新材料行业

2015 年，经开区内共有规模新材料企业 14 家，工业总产值 57.9 亿元，占全区的 3.2%，以瑞翔新材、镁镁科技等企业为核心。瑞翔新材生产的电池材料打破了美国的垄断，镁镁科技全面投产后将成为亚洲最大的铅酸蓄电池生产基地。新材料行业 2010～2015 年规模以上工业总产值及占全区比例见表 5-5。

表 5-5　2010～2015 年新材料行业规模上企业工业总产值及占全区比例

年份	2010	2011	2012	2013	2014	2015
工业总产值/亿元	24.7	31.1	34.6	30.5	46.2	57.9
比例/%	2.7	2.5	2.7	2.1	2.8	3.2

从上表 5-5 中可以看出，新材料行业工业总产值及占全区比例呈波动中上升趋势，从 2010 年的 2.7%上升到 2015 年的 3.2%左右，新材料行业已经成为长沙经开区重点发展的行业。

从生态工业发展的角度来看，新材料行业仍然存在一些问题：①产业规模小，产品结构单一。经开区内新材料行业聚集了电池新材料、纳米新材料、稀土新材料和高分子新材料等种类齐全的各类材料生产企业，但是除了电池新材料类生产企业规模较大外，其余各类企业整体实力不强，企业规模均较小，而且产品结构单一，生产能力薄弱，整个行业的产品结构和技术结构偏向低端化。②源头管理力度不够，减量化潜力有待释放。

根据新材料行业的特点，从生态工业的角度出发，对经开区新材料行业的废弃物代谢链进行设计：①在新材料行业发展新型材料，逐步形成“新材料—新型电池充电设备—清洁燃料车主要部件—清洁燃料车”等高技术产业链。在经开区内形成新材料行业与汽车行业、机械制造行业、电子行业、包装行业横向耦合的生态工业链，就近利用原料以降低原料运输费用和造成的污染。但是，产品和原料的交流仅初步实现了生态链功能，构建真正的生态工业链，应在产品耦合的基础上，在产业链内部进行副产品和废弃物交换和再利用，进一步实现资源与废弃物的耦合。②引进补链企业。建议经开区内引进静脉产业类企业，建立专门的资源再生加工示范区，经开区内产生的各种废弃物（如废金属、废塑料、废包装等）经过分类回收在资源再生加工示范区内统一进行处理，处理后的废弃物返回系统经加工循环使用。③新材料企业在生产过程中产生的废水虽能达到排放标准，但还应进一步促进其回用。

新材料行业的生态工业链网如图 5-5 所示。

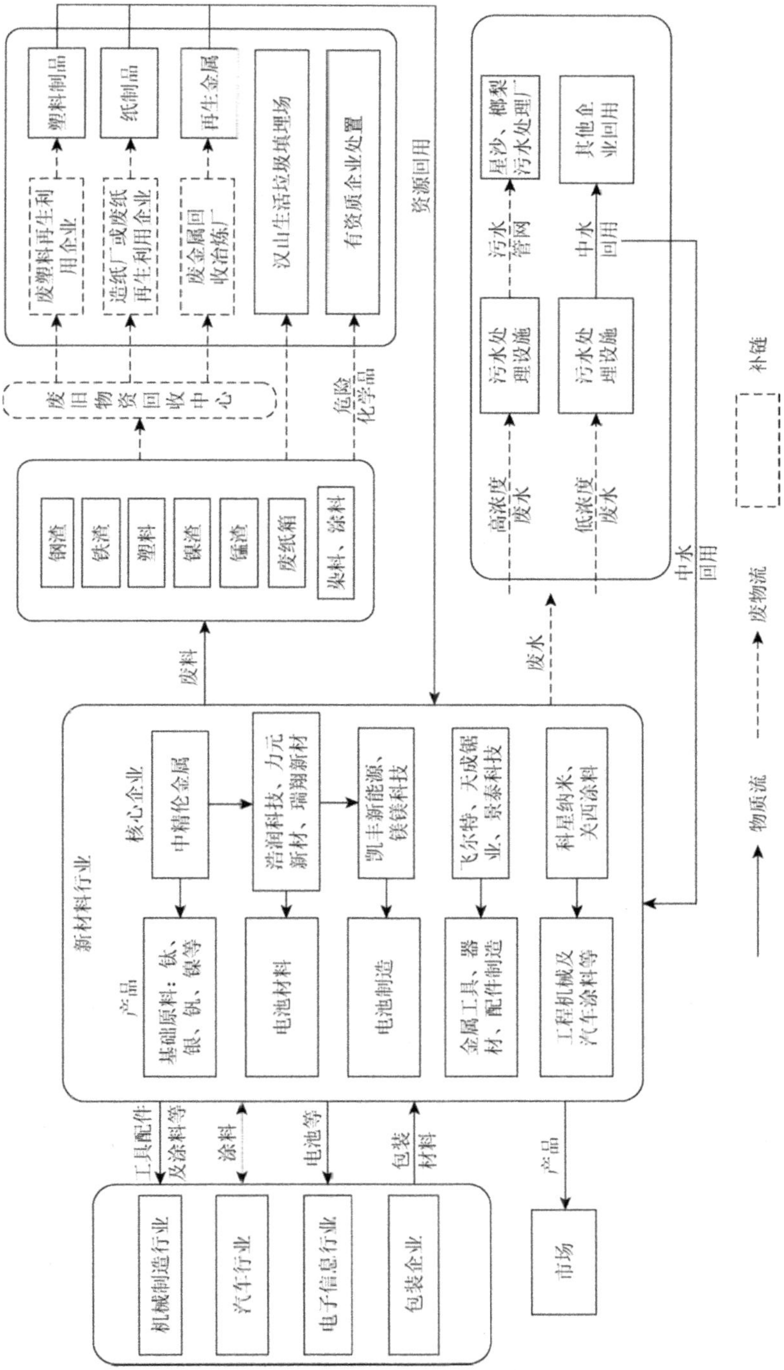

图 5-5 经开区新材料行业生态工业链网示意图

5.3.3.3 食品饮料行业

长沙经开区内共有规模食品饮料企业 10 家，2015 年实现工业总产值 59.8 亿元，占全区的 3.3%，以可口可乐、百事可乐、娃哈哈、喜瑞来食品等企业为核心。2010～2015 年园区食品饮料行业规模以上工业总产值及占全区比例见表 5-6。

表 5-6 2010～2015 年食品饮料行业规模以上企业总产值及占全区比例

年份	2010	2011	2012	2013	2014	2015
工业总产值/亿元	26.2	28.6	30.7	34.8	42.3	59.8
比例/%	2.8	2.3	2.3	2.4	2.6	3.3

从表 5-6 中可以看出，食品饮料行业规模以上工业总产值占整个长沙经开区工业总产值比例先下降后上升，总体呈缓慢上升趋势，从 2010 年的 2.8% 上升到 2015 年的 3.3%左右，食品饮料行业已经成为长沙经开区重点发展的行业。

经开区内食品饮料行业已广泛开展了废弃物综合利用以及清洁生产等生态管理实践。然而，从生态发展观来看，食品饮料行业也存在一些问题：①未形成完整的上下游关系，资源配置效率低。目前经开区内缺乏食品饮料行业上游企业（基础原料），基础原料均从国内外采购，而且企业规模形式比较单一，产品规格也少，产品配套情况较差，企业基本上独立存在，相互之间缺乏联系，不能形成上下游关系。此外，由于企业分布零散，在资源配置和环境管理等方面存在缺陷。②源头管理力度不够，减量化潜力有待释放。多数企业以末端治理为主，缺乏从源头控制的意识，由于单个企业的污染物产生量较少，因此，也并未引起管理部门足够的重视。③资源回收利用不足，废弃物代谢缺少重要环节。食品饮料行业仅在局部开展了资源回收利用，废弃物代谢缺少重要的环节，如中水分散回用、各种洗涤废水的代谢没有展开、蒸汽梯级利用不够等，链条尚需完善，链条柔性建设有待加强。

食品饮料行业链网结构为了实现食品饮料业的生态化发展，必须在企业内部实施生态化管理，从源头减少有机污染产生。以有机废弃物资源化利用为节点逐渐完善与包装材料、周边农业等企业间的产品代谢链条，扩展行业间的横向耦合，以骨干企业为支撑，形成稳定的产品供应关系和产业群，构建稳定的产品代谢链条和产业链。园区食品饮料行业生态工业链如图 5-6 所示。

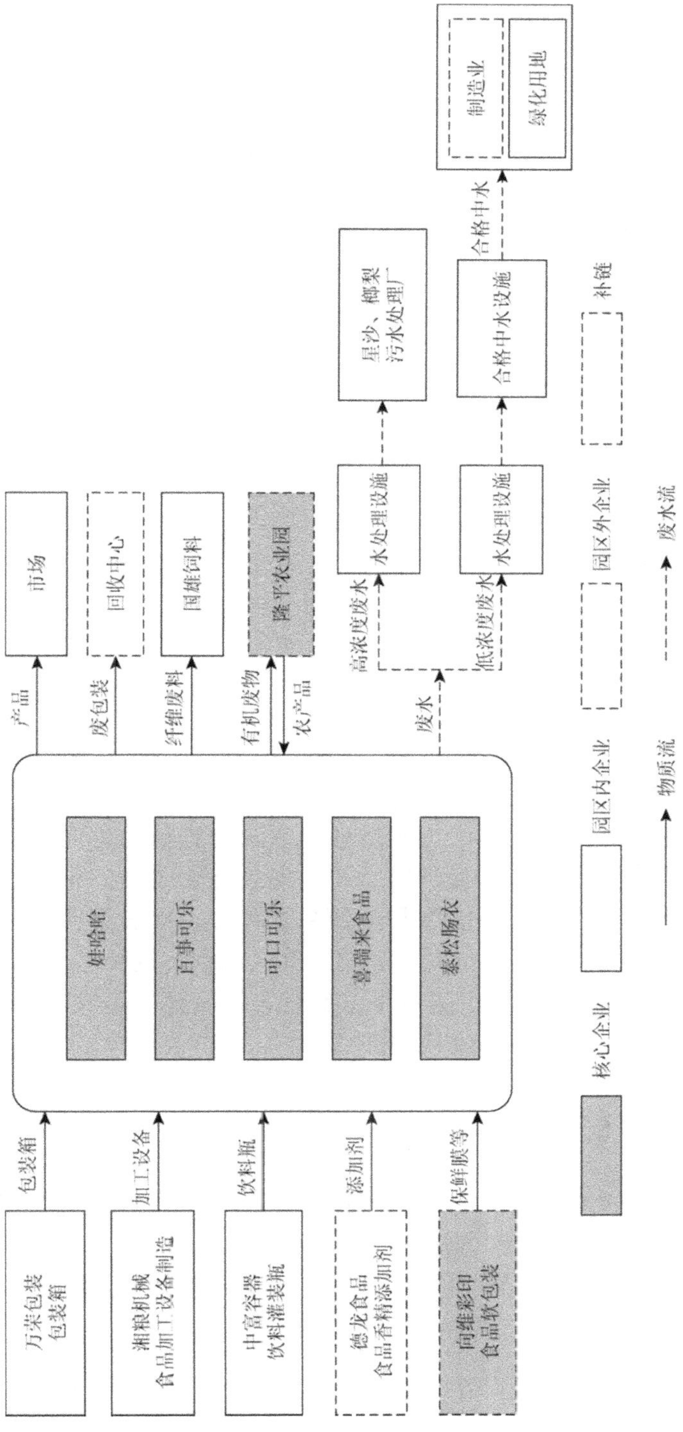

图 5-6 经开区食品饮料行业生态工业链网示意图

5.4 基于社团结构的工业园区生态工业设计案例分析

5.4.1 经开区生态工业总体设计

长沙经开区生态工业园区建设总体上分为工业循环体系、资源循环利用和污染控制体系、保障体系三部分，如图 5-7 所示。

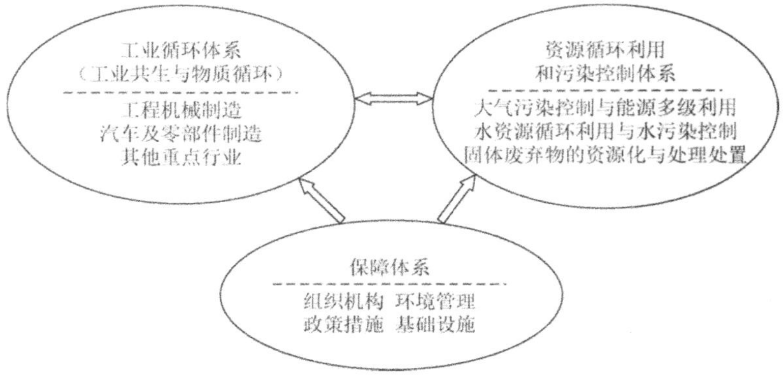

图 5-7 长沙经开区生态工业园区总体框架图

工业循环体系包括工程机械制造、汽车及零部件制造等主导行业与电子信息等重点行业的工业共生与物质循环，通过推行清洁生产、建立和完善产品代谢链与废弃物代谢链，促进第二产业的生态化发展。资源循环利用和污染控制体系主要是大气污染控制与能源多级利用、水资源循环利用与水污染控制、固体废弃物的资源化与处理处置，重点在于污染物和废弃物的减量化、再使用、资源化和无害化。保障体系主要是为园区建设和发展提供组织机构、环境管理、政策措施和基础设施等支持。

5.4.1.1 生产领域

重点建设工程机械和汽车及零部件两大支柱产业，打造世界工程机械之都和湖南汽车及零部件产业走廊，积极建设电子信息、新材料和食品饮料等重点行业，大力发展生态工业，实施清洁生产和资源使用、废弃物排放的减量化，建立和完善行业内部及行业间产品、废弃物代谢链。

1）工程机械制造行业

以生态工业理念为指导，推广行业清洁生产审核，进一步巩固已经形成的工程机械产业集群和生态工业链网，完善工程机械销售服务保障体系，构建科技含量高、经济效益好、环境污染少、区位优势显著及核心竞争力强的工程机械制造产业集群，形成充分体现循环经济、以高新技术为核心、以高度柔性生态工业链为表征的工业生态系统；加大新产品的研发力度，逐步发展关键核心部件，掌握更多的核心技术和关键技术，完善配套零部件产业，吸引周边工程机械零部件加工制造配套企业入园，努力提升整体效率和产业竞争力；加快开发工程机械高端产品，集中力量研发生产大吨位地面汽车起重机、大吨位智能化工程机械，增强核心企业的地位。

2）汽车及零部件制造行业

秉承循环经济理念和工业生态学原理，充分利用区域科技人才优势，以做强汽车整车企业、形成汽车及零部件行业集群、延伸汽车及零部件行业链条为目标，积极开展汽车及零部件行业招商，完善汽车及零部件制造行业产业链网，提升汽车制造企业的技术创新能力，扩大产业聚集效应；在长沙经开区周边地区构建和完善整车拆解、零部件再制造等废弃物代谢链条，形成资源的闭环流动和循环利用，提高汽车及零部件行业能源和资源利用效率，通过建设公共电镀中心加大对该行业的电镀工艺污染控制和废弃物利用，提高行业清洁生产水平。

3）电子信息行业

以循环经济和生态工业学理论为指导，依托区域人才科技优势，促进产、学、研相结合，在园区现有现代电子信息产业的基础上进行招商，对现有电子信息产业链进行完善与重组；坚持硬件生产与软件开发结合、设备制造与系统集成结合、信息技术产品生产和信息服务结合，不断提高长沙经开区电子信息制造业的发展水平和整体竞争力；大力发展资源消耗少、污染排放少、附加值高的电子信息产业集群，完善园区电子废弃物回收利用链条，并在现有企业中推广清洁生产，降低能源和资源的消耗，减少污染排放，实现源头减量化。

4）新材料行业

制定发展新材料行业的优惠政策，加大对新材料、新能源领域招商引资的力度，发挥周边高校院所的研发优势，培育和引进一批拥有自主知识产权、发展潜力大的科技型企业，大力推进新材料行业的信息化建设，加大对电池材料技术研发投入力度，把现有龙头企业做大做强并发挥带动作用，形成规模大、产业关联度高、企业互补性强，具有核心竞争力的优势产业集群。

5）食品饮料行业

长沙经开区食品饮料行业发展应以市场为导向，以实现经济高效为目标，以先进工业生产技术、食品质量与安全为保障，在现有基础上，发挥地域优势，深化改革，加大结构调整和技术创新力度，有效利用资源，合理布局产业结构，紧紧依靠科技进步，促进食品饮料行业优化升级；充分发挥现有生产能力，引进一批新的食品加工、食品制造和饮料制造及其配套企业，提高行业的清洁生产水平，鼓励增加新生产品种，形成以可口可乐、百事可乐、娃哈哈等企业为核心的现代饮料制造产业集群和以泰松肠衣、喜瑞来食品等企业为核心的现代食品加工制造产业集群。

5.4.1.2 污染控制

在水污染控制方面，加强对重点工业污染源的管理和综合整治，加大企业监管力度，督促企业污水处理工程的建设进度与正常运行，确保污染源的总量和浓度达标排放，完善污染物在线监测系统，使区内企业工业废水达标排放率达到 100%，保持区内水的总量达到长沙经开区的总量控制要求。在重点工业行业大力推广清洁生产和循环经济，促进节水减排，特别是对新鲜水耗大、重复利用率低、废水排放量大的行业和企业，要加大力度提升节水减排技术水平，实行清洁生产审核制度，促使污染物产生强度降低，提高废水重复利用率，实现节约新鲜水用量，减少末端污染控制处理设施的污染负荷，实现节水减排。在园区开展中水回用，在长沙经开区内污水处理厂达标排放的基础上进行进一步处理，将达标中水回用于景观、绿化及水体的生态用水，积极推进有条件企业使用再生中水进行生产，实现中水资源的内部循环，减少最终排入浏阳河的废水量，同时节约园区新鲜用水量。

在大气污染控制方面，加强生产工艺废气的减排，提高净化效率，加大对工业污染源的监督监测力度，开展大气污染源在线监测，对园区项目严格实行污染物总量控制，防止经开区经济发展过程可能带来的大气环境污染问题。进一步调整园区用能产业结构，大力推进园区现有燃煤锅炉的气化改造，禁止新建燃煤锅炉，积极鼓励利用太阳能、生物质能源等可再生能源，有条件的开展余热回收利用，大力发展低碳型产业，严格限制能耗高、污染严重的落后产能企业入园。

在固体废弃物控制方面，做好固体废弃物源头管理和末端控制工作，积极推进工业固废与生活垃圾的减量化，加强危险废弃物的管理，完善经开区固体废弃物代谢链，健全经开区工业固体废弃物收集与综合利用体系。

5.4.1.3 保障体系

从组织机构、环境管理、政策、技术等方面，建立健全长沙经开区生态工业园区建设的保障体系：①在组织机构建设上，园区应成立独立的环境保护局，成员由产业、环保、招商、财政、人事、建设、市政、审计、统计、安全和规划等部门人员组成。②在环境管理上，应完善园区环境监测体系和风险事故应急管理制度，建设环境管理信息系统，严格执行环境准入、环境影响评价、清洁生产审核和生命周期管理等环境管理制度，推进 ISO14000 环境管理体系和企业环境信息公开，加强对园区环境监测、监管的力度，提高园区环境管理能力。③在政策保障上，应改善招商投资环境，利用国家级经济技术开发区现有优惠政策，推出具体优惠政策（土地政策、税收政策、补贴政策、信贷政策），拓宽融资手段，对入园企业进行绿色招商评价，高起点、高标准和高层次地引进绿色企业，重点引进补链企业，形成多产品多链条的生态工业网状结构。开展绿色招商、绿色采购和生态设计，在企业项目的引进、生产原材料、上游产品的使用及产品的生产对下游使用者的影响等多个方面引入清洁生产、循环经济和环境保护的理念，带动区域发展，提高区域的整体环境质量。④在技术保障上，应建立长沙经开区生态工业信息交流和互动的平台，利用区位科技与人才优势，建立生态工业园区生态技术研发基地和高新技术产业孵化器，开发替代技术、减量技术、再利用技术、再资源化技术、系统优化技术和共生链接等生态工业相关技术，为生态工业园区发展提供技术支持，同时也带动相关产业发展。⑤此外，还应建立健全广泛的公众决策参与和监督机制，调动公众参与的积极性，提高居民生态环境保护意识，引导居民积极投身生态工业园区建设，进而推动区域循环经济事业的进一步发展。

5.4.2　经开区生态工业链的总体框架构建

生态工业是经开区发展循环经济的重点，经开区工业生态系统和生态工业园区的建设，主要围绕工程机械制造、汽车及零部件制造两大支柱产业和其他重点行业产品链与废弃物链的构建进行，目的是促进企业、行业内部及相互之间的物质与能量交换，实现资源使用和废弃物排放的减量化、再利用及再循环。经开区的生态工业链总体框架包括产品链和废弃物代谢链。

（1）在工程机械制造、汽车及零部件制造行业和其他重点行业内部及行业之间，以产品流为主线，形成产品链。在产品代谢中，上一个生产过程中形成的初级产品，作为下一个生产过程的“原辅材料”，直至形成价值增值的最终产品并进入市场。图 5-8 给出了长沙经开区生态工业产品链的总示意图。

（2）建立工业废弃物的分类、回收和循环利用体系，构建生态工业废弃物代谢链，如图 5-9 所示。

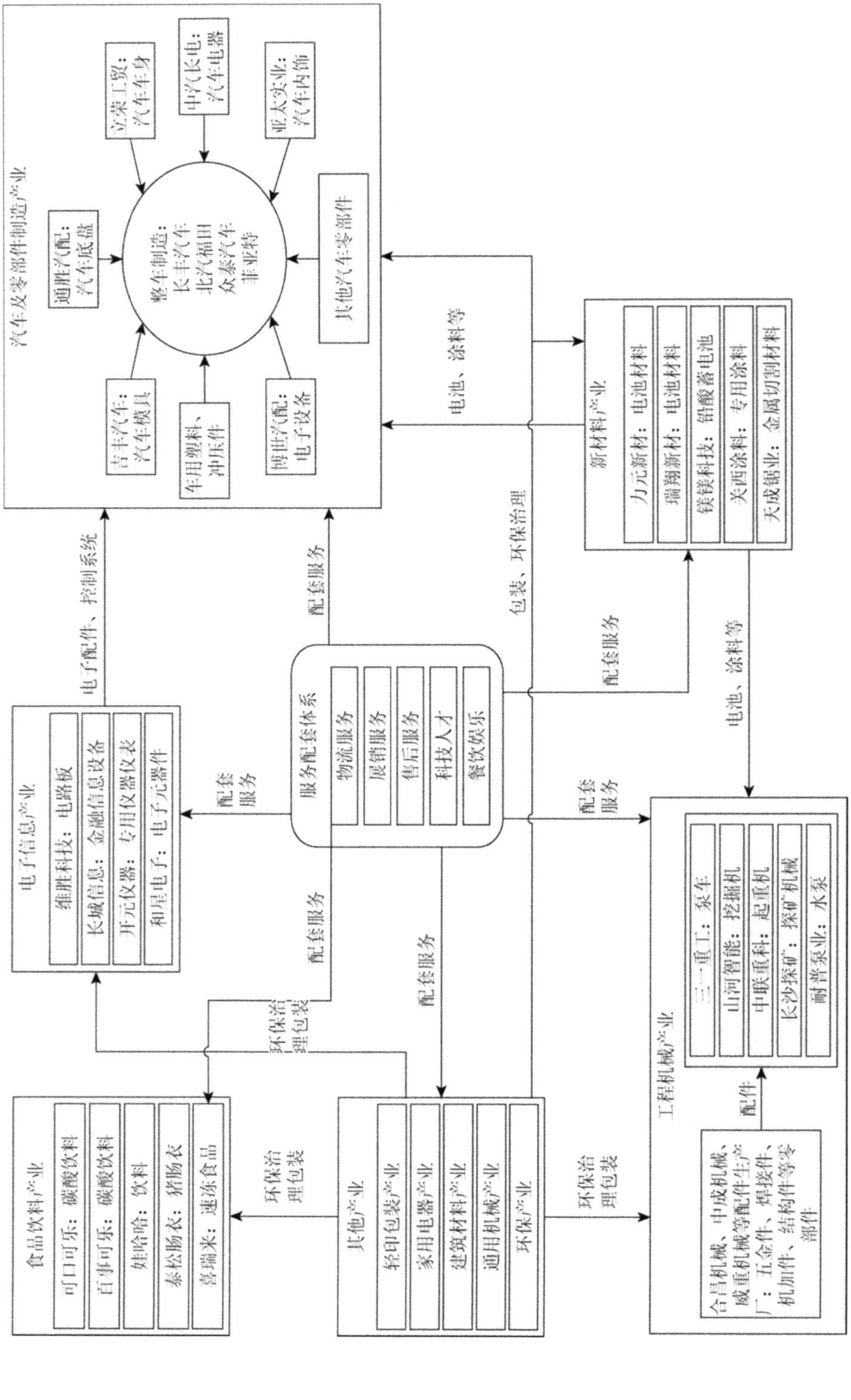

图 5-8 经开区生态工业产品链总示意图

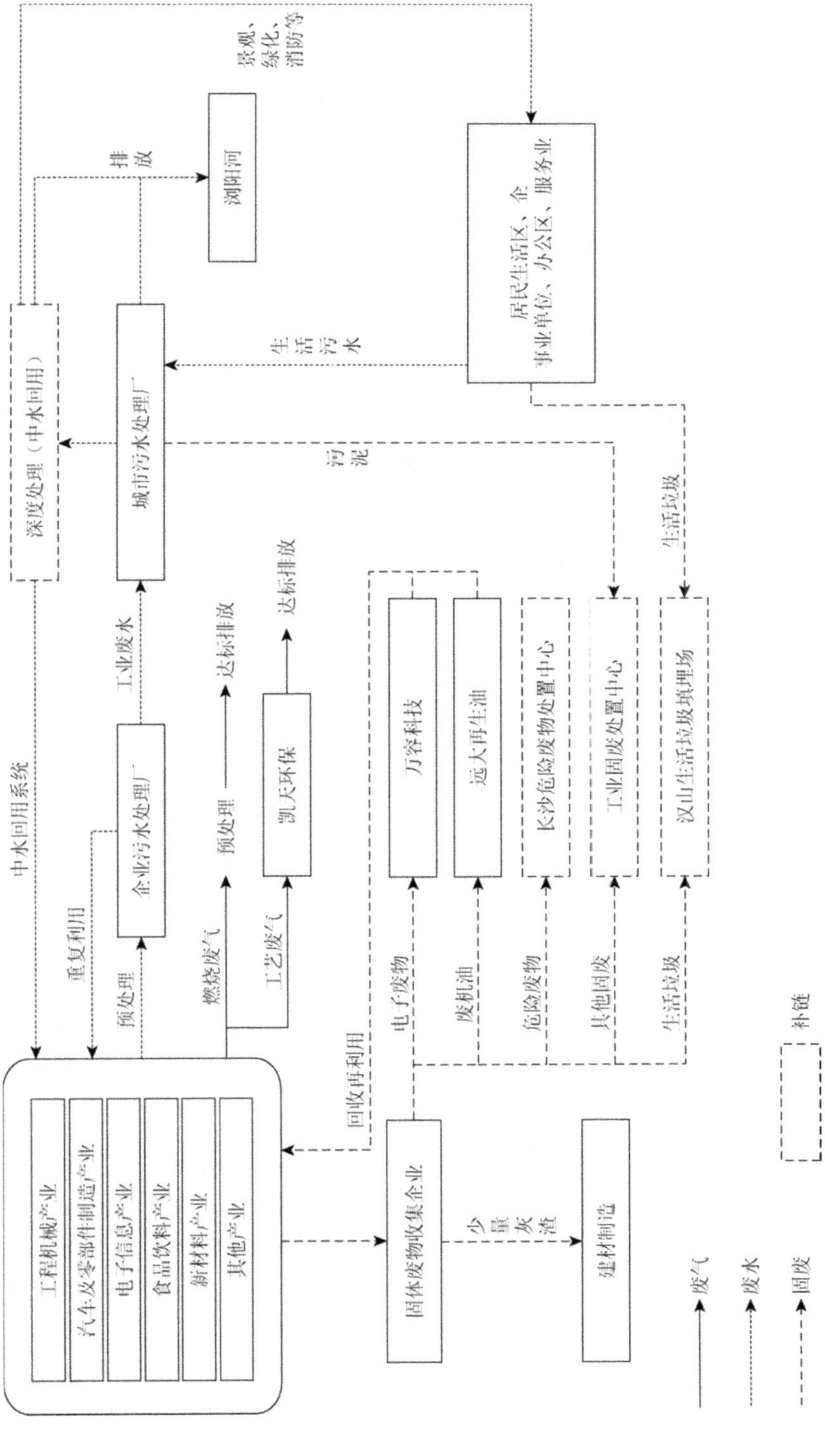

图 5-9　经开区生态工业废弃物代谢链总示意图

6 园区系统调控之二：基于博弈论的水资源梯级利用

生态工业园区是循环经济的实现形式，遵循循环经济的“3R”原则，即减量化、再利用和再循环。其中减量化原则是首要原则，而废弃物再利用只是减少废弃物最终处理量的方式之一，即对待废弃物问题的优先顺序为：避免发生、循环利用、最终处置。循环经济要求人类在生产和消费的所有领域都能做到物尽其用，其根本宗旨就是保护日益稀缺的环境资源，提高环境资源的配置效率，不给环境造成危害。

与传统工业园区内企业独立运作的方式不同，生态工业园区内企业通过物质流或能量流传递等方式连接，形成共享资源和互换副产品的工业共生组合，即生态工业链。如 3.3.1 节中所述，生态工业链有两种形式，其中之一是某种特定资源通过生产者企业进入生态工业链，各级消费者企业因对这种资源的使用程度不同而形成链式结构，最后无法使用的废弃物通过分解者企业排出系统之外，如图 6-1 所示。这个过程中园区内的链式体系变为梯级利用体系，将各类可分级利用的资源（如水、热量等）尽可能地留在消费者环节，不仅可以物尽其用，产生更大的经济效益，同时也将大大减少废弃物的产生，实现物质的减量化。

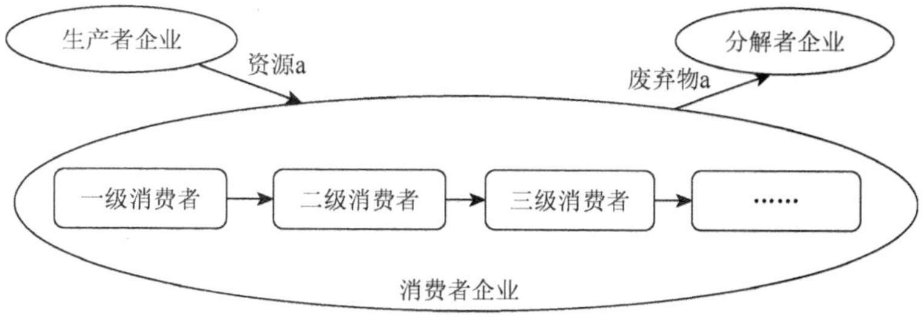

图 6-1　某种特定资源在园区内的利用路径示意图

水资源匮乏已经成为全世界共同关注的问题，严重制约着各国经济的发展。水资源作为生态工业园区最重要的资源之一，其分配体系构建的基本目标是促进水资源的合理利用，使园区水资源对于外部供给的需求最小化，并最大限度地减少对环境的负面影响，即排出系统的废水量最少。本章试图利用博弈论的方法，综合分析生态工业园区内水资源的数量和质量分配问题，对园区水资源管理提出适当的建议，以便园区内水质要求级别不同的企业间实现水资源的合理分配，使之既符合各级企业的需要，又符合整个园区的供给限制，同时对环境的损害最小。

6.1 园区的水资源梯级利用体系

一般来说，水资源的分配和利用主要存在两个方面的问题：一为数量；二为质量，即水质。在生态工业园区中，水资源的供给量是有限的，如何让园区内的企业都得到足够数量的符合水质要求的水资源，使水资源的配置最为合理，是园区建设和发展过程中不可避免的问题。无论是新建的或已建设完成的生态工业园区，其最终的发展目标均为模拟自然生态系统的运行方式和规律，实现资源的可持续利用。对于新设计的生态工业园区，在设计之初就应慎重考虑水资源的配置和高效利用方式，使之符合循环经济发展理念。而对于目前已建成的生态工业园区，也应通过政策的合理引导和园区的有效管理，逐步建立园区内企业间友好的水资源协同利用模式，以实现水资源的可持续利用。

由于生态工业园区是模拟自然生态系统所建立的工业体系，园区中的水资源用户也可根据功能的不同分为生产者、消费者和分解者。生产者是指各种符合水质要求的自然水体和自来水厂等水资源供应者（P）；消费者是指园区内各类水资源用户；分解者是指收集各用户的出水并对不能直接再利用的废水进行处理的污水处理厂或再生水厂（D）。如果不考虑取水和排污成本，消费者可以直接从 P 取水，并将废水直接排到 D。但是，生态工业园区提倡物质闭环循环、能量多级利用和废弃物产生最小化，以达到经济与环境效益的“双赢”格局。生态工业园区中的水资源利用方式，既要考虑经济因素，也要考虑环境因素，理想的水资源利用体系应该是可持续发展的，它要求在新鲜水耗和废水处理上达到最小化，在经济方面可以获得回报，在环境保护方面是有效的。

实际上，生态工业园区由于企业的多样性和对水质要求的不同，存在较大的共生关系。通过系统分析园区内的水资源利用现状，完全可以模拟自然生态系统建立生态工业园区内水资源利用系统的“食物链”和“食物网”，形成共生网络，从而实现水资源利用的“闭路循环”，达到水资源的最有效利用。根据用户对水质要求的高低可分为一级、二级、三级，其中水质要求高的用户（如化工、医药、食品等行业内用户）视为一级消费者，水质要求一般的用户（如冷却水用户、景观用水用户等）视为二级消费者，水质要求低的用户（如绿化、建筑建造、城市杂用等）视为三级消费者。一级消费者的水资源来源只能是 P；二级消费者的水资源来源可以是 P，也可以是一级消费者；三级消费者的水资源来源可以是 P、一级消费者或二级消费者。一、二、三级消费者的不能再利用的出水为 D 的来源，D 处理过的水资源排入自然水体或重新进入园区水资源利用系统，一并计入 P 中。目前来看，生态工业园区中水资源利用问题的最佳解决方案是建立水资源梯级利用体系，使水资源尽可能地在园区内多次使用，以减少新鲜水耗和排污量。生态工业园区中水资源梯级利用体系如图 6-2 所示。

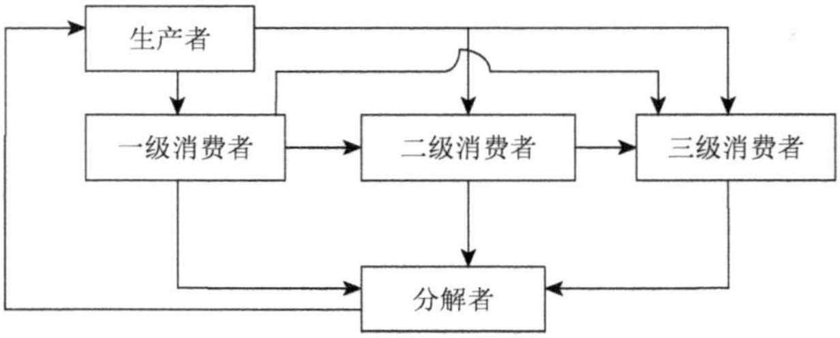

图 6-2　生态工业园区中水资源梯级利用示意图

6.2　园区水资源梯级利用过程中的博弈分析

6.2.1　博弈要素

生态工业园区中如果各级消费者随意用水或是随意排污，最终可能导致整个园区的用水需求得不到满足甚至是无水可用。由于供给量的限制和国家对排污政策逐渐趋紧，生态工业园区中水资源数量和质量的分配存在利益冲突的问题，矛盾日渐凸显，这一利益冲突问题可以运用博弈论的方法来分析。

首先，博弈的参与人集合为$i \in \Gamma$，$\Gamma = \{0,1,2,3,4\}$，其中，0 表示生产者，1、2、3 分别表示一、二、三级消费者，4 表示分解者。生产者决定新鲜用水的供给量和供给价格，而分解者决定排污收费的价格。各级消费者如果采用从自然水体供水的方式，则需要投入大量成本自建供水设施，所以将其与从自来水厂购买等同，采用同一价格。同样，各级消费者排污的水质有所差别，但由于国家只规定了达标排放，因此分解者将所接受的废水通通视为是无差别的，收费价格也是一致的。

其次，参与人的战略空间为$S_i = \{s_i\}, (i = 1,2,3)$，其中$s_i$表示第$i$个参与人的一个特定的策略，向量$\boldsymbol{s} = (s_1, s_2, s_3)$表示全体参与人的一个战略组合。

在生态工业园区中，每一个参与人$i(i = 1,2,3)$的战略选择包含以下几部分：从生产者处直接购买水量w_i，i级消费者提供给j级消费者水资源量w_{ij}，$1 \leqslant i < j \leqslant 3$（也表示$j$级消费者从$i$级消费者处购买的水资源量），以及向分解者的排污量$g_i$。生态工业园区中水资源梯级利用体系的数量关系如图 6-3 所示。第i个参与人的策略s_i是对变量w_i、w_{ij}、g_i的选择而形成的，即$s_i = (w_i, w_{ij}, g_i)$。

再次，每个参与人的支付函数为$u_i = u_i(s_0, \cdots, s_i, \cdots, s_4)(i = 0,1,2,3,4)$，即第$i$个

参与人的支付不仅取决于自己的战略选择，也取决于其他人的战略选择。每一个参与人的目标是选择自己的战略以最大化其期望效用函数 u_i。在水资源的利用中，各级消费者的支付函数应为其用水总收益，记为

$$\pi_i = f_i(w_i, w_{ij}, g_i) - C_i^1(w_i, q) - C_i^2(w_i, w_{ij}) - C_i^3(w_i, g_i)(i=1,2,3), 1 \leqslant i < j \leqslant 3。$$

其中，f_i 表示第 i 个参与人的用水效益，包括直接用水效益和向下级消费者供水的效益；C_i^1 表示第 i 个参与人从生产者购水的成本（q 表示总供给量）；C_i^2 表示从上级消费者处购水的成本和为向下级消费者供水的处理成本；C_i^3 表示向分解者排污的成本。

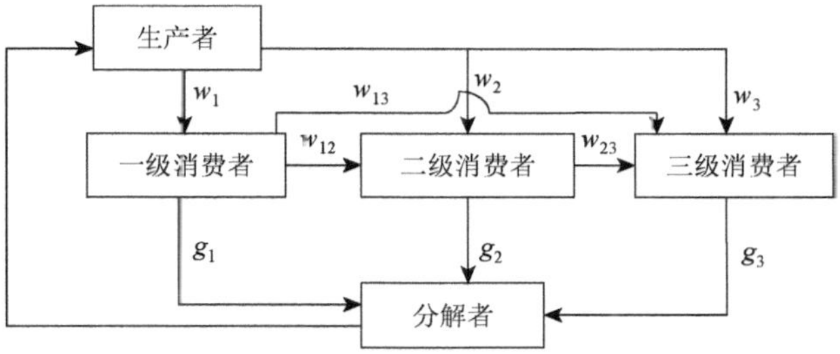

图 6-3 生态工业园区中水资源梯级利用体系的数量关系图

最后，如果从生产者取水成本很低，各级消费者都将倾向于向生产者直接取水；如果排污成本很低，则各级消费者将倾向于直接向分解者排污，导致水资源供应不足且水质不断恶化。由于水资源供给量有限，且政策环境门槛不断提高，以及排污税费的征收等，各级消费者不得不在用水效益和用水成本之间权衡，进而在购水量、水资源处理量和排污量间进行决策。假定水资源总供给量、各级消费者的水资源处理量、排污量为所有参与人的共同总值，则生态工业园区中水资源数量和质量分配的利益冲突博弈过程为一个完全信息动态博弈。

设在此博弈中，各级消费者的最优战略是

$$s_1^* = (w_1, w_{12}, w_{13}, g_1)，\quad s_2^* = (w_2, w_{12}, w_{23}, g_2)，\quad s_3^* = (w_3, w_{13}, w_{23}, g_3)，$$

则此博弈的纳什均衡为 $s^* = (s_1^*, s_2^*, s_3^*)$。

6.2.2 博弈模型

设生产者的水资源价格为 p，分解者的排污收费价格为 t。假设生态工业园区中存在再生水资源交易市场，在这一市场中各级消费者达成的再生水资源的

协议价格为r，并且$r \leqslant p$，否则消费者将选择直接从生产者处购买新鲜水资源而不是再生产品。为方便计，假定各级消费者为向下级消费者出售而进行的水资源处理成本相同，设其价格为s，并满足$s-r \leqslant t$，这就是说，消费者的单位处理成本与其收益之差应该足以冲抵排污收费的价格，否则消费者将选择直接排污。

设f_i为第i个参与人的用水效益函数，则各级消费者的支付函数（即用水总收益）分别为

$$\pi_1 = f_1(w_1, w_{12}, w_{13}, g_1) - pw_1 - s(w_{12} + w_{13}) - g_1 t,$$
$$\pi_2 = f_2(w_2, w_{12}, w_{23}, g_2) - pw_2 - rw_{12} - sw_{23} - g_2 t,$$
$$\pi_3 = f_3(w_3, w_{13}, w_{23}, g_3) - pw_3 - r(w_{13} + w_{23}) - g_3 t。$$

由于消费者的战略选择都是最大化其支付函数，因而得到如下结论。

（1）由$\frac{\partial \pi_1}{\partial w_1}=0, \frac{\partial \pi_1}{\partial w_{12}}=0, \frac{\partial \pi_1}{\partial w_{13}}=0, \frac{\partial \pi_1}{\partial g_1}=0$，得$\frac{\partial f_1}{\partial w_1}=p, \frac{\partial f_1}{\partial w_{12}}=s, \frac{\partial f_1}{\partial w_{13}}=s, \frac{\partial f_1}{\partial g_1}=t$，进而求得$w_1(p), w_{12}(s), w_{13}(s), g_1(t)$，则一级消费者的最优战略：

$$s_1^* = (w_1(p), w_{12}(s), w_{13}(s), g_1(t))。$$

（2）由$\frac{\partial \pi_2}{\partial w_2}=0, \frac{\partial \pi_2}{\partial w_{12}}=0, \frac{\partial \pi_2}{\partial w_{23}}=0, \frac{\partial \pi_2}{\partial g_2}=0$，得$\frac{\partial f_2}{\partial w_2}=p, \frac{\partial f_2}{\partial w_{12}}=r, \frac{\partial f_2}{\partial w_{23}}=s, \frac{\partial f_2}{\partial g_2}=t$，进而求得$w_2(p), w_{12}(r), w_{23}(s), g_2(t)$，则二级消费者的最优战略：

$$s_2^* = (w_2(p), w_{12}(r), w_{23}(s), g_2(t))。$$

（3）由$\frac{\partial \pi_3}{\partial w_3}=0, \frac{\partial \pi_3}{\partial w_{13}}=0, \frac{\partial \pi_3}{\partial w_{23}}=0, \frac{\partial \pi_3}{\partial g_3}=0$，得$\frac{\partial f_3}{\partial w_3}=p, \frac{\partial f_3}{\partial w_{13}}=r, \frac{\partial f_3}{\partial w_{23}}=r, \frac{\partial f_3}{\partial g_3}=t$，进而求得$w_3(p), w_{13}(r), w_{23}(r), g_3(t)$，则三级消费者的最优战略：

$$s_3^* = (w_3(p), w_{13}(r), w_{23}(r), g_3(t))。$$

综上所述，水资源梯级利用博弈过程的纳什均衡为$s^* = (s_1^*, s_2^*, s_3^*)$。

这一结果表明，生态工业园区中各级消费者从生产者处的购水量是水资源价格p的函数，向分解者的排污量是排污收费价格t的函数，向上级消费者的购水量和向下级消费者的供水量也取决于其相应的价格r和s。在既定市场条件下，各级消费者都没有改变这一格局的积极性。

6.3 纳什均衡对水资源梯级利用体系建设和维护的启示

在既定市场条件下，各级消费者根据市场价格确定了其最优化的战略函数，因此，除非这一市场受到干扰，否则消费者将不会改变这一战略格局。为了促进水资源的更高效利用，培育再生水资源市场，有必要对可能影响既定格局的因素进行更深入的了解和剖析。

（1）$\frac{\partial f_1}{\partial w_1}=\frac{\partial f_2}{\partial w_2}=\frac{\partial f_3}{\partial w_3}=p$。价格指数总是正的，表明各级消费者的用水效益与取水量同向变动，取水量越大，用水效益越高；但同时也说明各级消费者的用水边际效益都受制于水资源价格p。当水资源价格p提高时，在不变的用水效益增幅下，各级消费者只能选择降低相应的水资源增幅，即提高单位用水效率。因而，生产者为了控制水资源的供给量，最佳策略是提高水资源价格。

（2）$\frac{\partial f_1}{\partial w_{12}}=\frac{\partial f_1}{\partial w_{13}}=\frac{\partial f_2}{\partial w_{23}}=s$。因为水资源的处理总是有成本的，所以$s>0$。这表明消费者向下供水的收益与供水量同向变动，供水量越大，用水效益越高；但同时也可以看出，向下级消费者供水的边际效益受制于处理成本，若水资源处理成本s增加，为保持向下级消费者供水的效益不变，则上级消费者将选择降低每单位效益对应的供水量，从而总供给量减少。

（3）$\frac{\partial f_2}{\partial w_{12}}=\frac{\partial f_3}{\partial w_{13}}=\frac{\partial f_3}{\partial w_{23}}=r$。$r$为上级消费者出售水资源或下级消费者向上级消费者购买水资源的价格，恒为正。这表明通过向上级消费者购买水资源所获取的效益与购买量同向变动，购买量越大，用水效益越高；同时，向上级消费者购水的边际效益受制于购买价格，若价格r增加，为保持用水效益不变，则二级和三级消费者将选择提高用水效率，减少购买量。

（4）$\frac{\partial f_1}{\partial g_1}=\frac{\partial f_2}{\partial g_2}=\frac{\partial f_3}{\partial g_3}=t$。因为分解者对废水的处理总是有成本的，所以$t>0$。这表明各级消费者排污所获得的效益与排污量同向变动，排污量越大，用水效益越高；但同时也可以看出，各级消费者排污的边际效益受制于排污收费，若排污费t增加，为保持用水效益不变，则各级消费者不得不选择减少单位效益的排污量。因此，为使生态工业园区达到废弃物最小化的目的，分解者的最佳策略是提高排污收费价格。

综合来看，生态工业园区中水资源梯级利用体系能否达成“物尽其用、废弃物最小化”的目标，取决于园区水资源利用体系中不同利益者的博弈结果。水资源价格和排污收费价格的提高，有利于促进园区内企业间的水资源梯级利用，以减少新鲜水资源的购买量和最终的排污量。而梯级利用的过程，也是各级消费者之间的一场博弈，博弈结果将决定再生水资源的售出价格，进而促进企业改进或创新水资源处理技术，以求降低再生水资源的成本，获取更大的收益，最终得到生态工业园区内水资源梯级利用的一个良性循环。

6.4 案例分析

长沙经开区通过尝试行业内部产品代谢链接的补充和延伸，同时注重各行业间及企业间的互动和链接，在多个不同行业间通过物流、能量流、信息流、价值流建立生态联系，使行业内部和行业之间在互利共生机制基础上形成生态工业网络；积极推进各企业的水循环利用和中水回用，以减少污水排放量和新鲜用水量。

6.4.1 水资源消耗及污染状况分析

6.4.1.1 水资源消耗状况

经开区主要用水大户集中在电子信息行业和食品饮料行业。2010～2015 年，经开区工业新鲜用水呈缓慢增加趋势，从 2010 年的 1236.29 万立方米上升到 1697.03 万立方米，增长了 0.4 倍，而同期工业增加值基本翻了一番。

2010～2015 年，经开区单位工业增加值新鲜水耗持续下降，从 2010 年的 4.1 立方米/万元持续下降到 2015 年的 3.0 米^3/万元，已经达到国家生态工业示范园区单位工业增加值新鲜水耗标准要求，如图 6-4（a）所示；新鲜水耗弹性系数整体呈下降趋势，2011 年起满足国家生态工业示范园区新鲜水耗弹性系数标准要求，如图 6-4（b）所示，由此可见，随着经开区环境管理的不断强化，对区内企业水资源利用的严格管理，经开区新鲜水耗总体呈可持续性发展趋势。

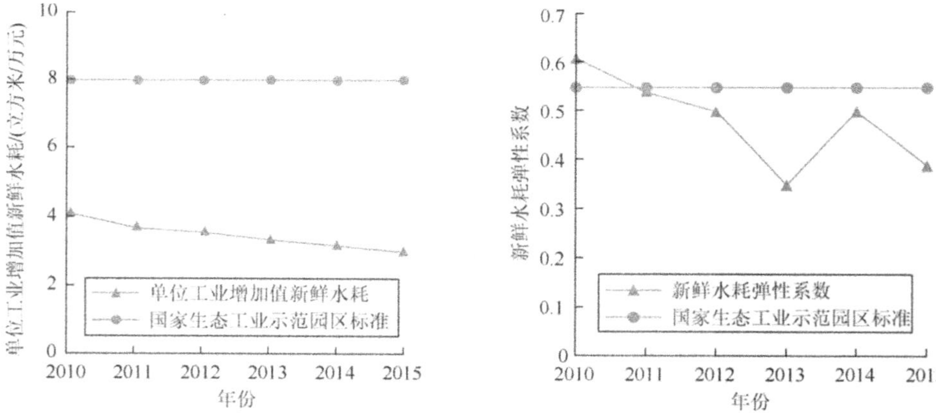

(a) 区内单位工业增加值新鲜水耗　　(b) 区内新鲜水耗弹性系数

图 6-4　经开区水资源消耗情况

6.4.1.2 水资源污染状况

长沙经开区范围内污水由星沙和城南污水处理厂（也称“榔梨污水处理厂”）进行处理。其中，星沙污水处理厂位于长沙经开区西南角，2013 年进行了扩容提质工程。城南污水处理厂位于长沙县榔梨镇土岭村，服务区域近期主要包括长沙经开区发展用地的一部分。2010～2015 年，经开区的单位工业增加值工业废水产生量总体呈递减趋势，从 2010 年的 3.0 吨/万元降低至 2015 年的 2.2 吨/万元，低于国家生态工业示范园区标准限值，如图 6-5（a）所示；区内工业重复用水量大幅增加，工业用水重复利用率不断提高，从 2010 年的 68.6%持续上升到 2012 年的 77.8%，2012 年之后保持优于国家生态工业示范园区工业用水重复利用率标准限值，如图 6-5（b）所示。

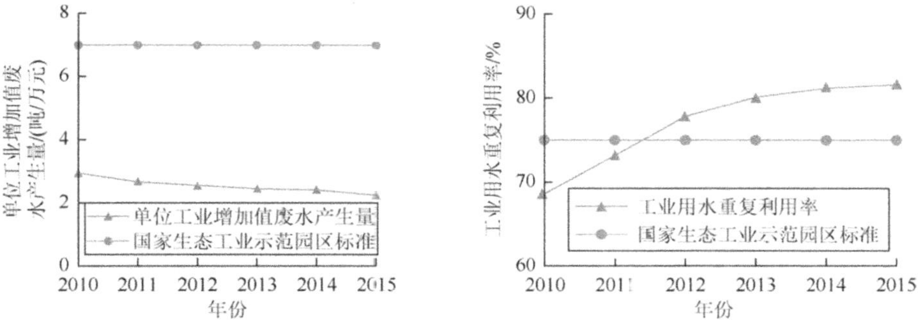

(a) 区内单位工业增加值工业废水产生量　　(b) 区内工业用水重复利用率

图 6-5 废水产生情况

2010～2015 年，经开区的单位工业增加值化学需氧量（chemical oxygen demand，COD）排放量呈波动趋势，2010 年为 0.08 千克/万元，2015 年基本与 2010 年持平，如图 6-6（a）所示，工业废水 COD 排放弹性系数也处于波动状态，但自 2013 年起，满足国家生态工业示范园区工业废水 COD 排放弹性系数标准要求，表明经开区近些年加大清洁生产审核力度，通过改造生产工艺、加强污水处理等手段，在加快经济增长的同时，降低了工业废水 COD 排放增长率，从而使工业废水 COD 排放弹性系数处于合理水平，如图 6-6（b）所示。

6.4.2 水污染控制中存在的问题

经开区在污染控制和资源利用方面还存在很多问题：①园区排水体系待完善。经开区大部分地区建设了较完善的市政排水管渠系统，但部分地区仍然是自然排水体系，雨水资源没有得到有效利用。特别是经开区采用雨污合流制，雨污水排放采用截污的方式，雨水和污水通过南干渠团结桥溢流坎进入星沙污水处理厂，加大了该污水处理厂的污水处理量，带来不必要的资源浪费。而且经开区的排水体系已经形成，使后续改造难度加大。②企业水污染治理待加强。经开区有废水排放的规模企业中，只有 1/3 左右的企业有自建的污水处理站或设施，19 家安装有在线监控装置，部分企业没有对企业生产废水进行预处理，加大了污水处理厂

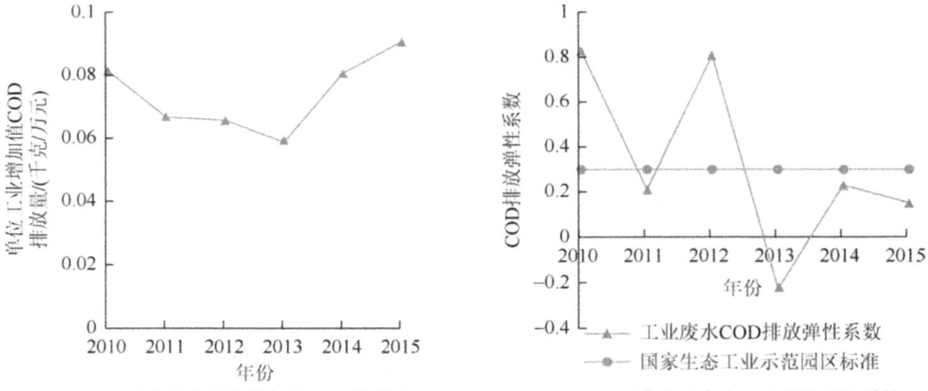

(a) 区内单位工业增加值COD排放量　　(b) 区内工业废水COD排放弹性系数

图 6-6　COD 排放情况

的污染负荷。③废水排放量呈增加趋势，中水回用率有待进一步提高。近年来，随着经开区入区企业数量的增加，生产规模的扩大，废水排放量和新鲜水用量同时都呈增加趋势，当前经开区的中水回用率较低，开展中水回用，提高废水的使用水平，减少新鲜水消耗，对节水减排具有现实意义。

6.4.3　水资源循环利用方案

由于经开区的工业用水重复利用率相当低，未来几年园区需要加大对园区企业用水大户进行节水与水循环改造的力度，重点引进重复利用率高的用水企业，进一步提高工业用水重复利用率。

根据减量化、再利用和资源化的原则，在水循环利用过程中减量就是节水，再利用就是使用后的水不经处理直接用于其他生产过程，资源化就是废水处理后用于其他生产过程。因为水循环利用过程中废水直接利用的可能性较小，所以经开区中主要考虑的是减量化和再循环。

在水的使用过程中利用节水器材或采用先进的生产工艺，在保证生活质量和产品质量的前提下，提高水的过程效率，减少水的使用量是长沙经开区发展生态工业的重要内容。在经开区各企业内部通过技术改进推行“节流减污”是工业企业污染防治的一项重要措施，加强工业节水不仅可以缓解水资源的供需矛盾，还可以减少废水排放，改善水环境。生活用水的节水主要是使用节水器具，提高管道附件和器具的水效率。废水的循环利用是减少废水排放的重要途径，是将排放的废水进行处理后用于某些水单元或将废水直接用于某些水单元，减少新鲜水的使用量。根据地理范围，废水的循环利用分为厂内和区域两个层次，其关系如图 6-7

所示。厂内循环利用包括原位再生和厂内梯级利用，区域循环利用包括集中再生和区域梯级利用。

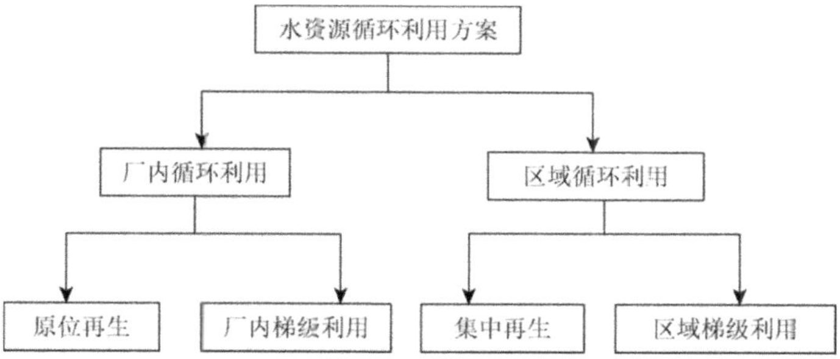

图 6-7　废水循环利用层次逻辑关系示意图

6.4.3.1　工业废水循环利用方案

1）厂内循环利用

经开区工业用水重复利用率企业间差距较大，只有区内少数大型工业企业，如南方搏云新材料有限公司等企业的重复用水率较高，多数企业处于较低水平。因此，经开区废水处理应以源头控制为重点，优先考虑原位再生和厂内梯级利用。对于生产加工过程中产生的废水量少、水中污染物单一及污染物浓度低的产业，废水处理应该以源头控制为重点，充分并优先考虑水的原位再生。将生产工艺流程中的废水在车间内处理后直接回用于本生产过程，而不是在一种废水与其他废水混合后再集中处理。废水原位再生的一般工艺流程如图 6-8 所示。

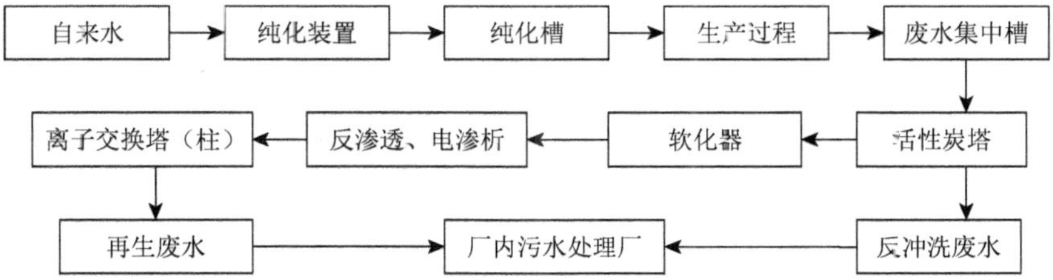

图 6-8　废水原位再生流程示意图

2）区域循环利用

对于原位再生的运行成本和投资高于末端治理的企业，其废水的循环利用可以从区域的范围考虑废水的回用。区域废水的回用没有现成的管道可以利用，一般需要重新铺设管道，距离的远近直接决定了中水回用的投资额和可行性。区域范围内的废水回用应该优先考虑用水量大、离排水点距离近、对水质要求与排水水质接近的用水单元。在车间内首先应考虑是否可以将排水处理后用于区内的其他对水质要求优于排水、却与排水水质接近的生产单元，如果不可行，再考虑用于对水质要求比较低的其他用途，如冲厕等。区域水梯级利用流程一般如图 6-9 所示。

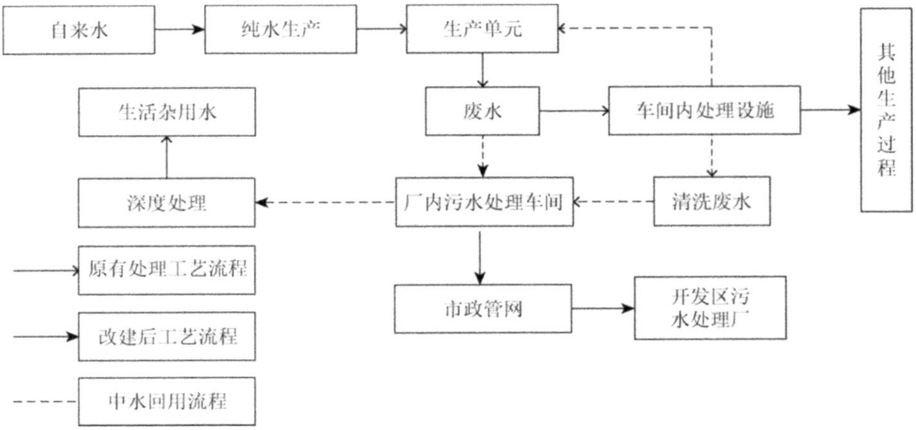

图 6-9　区域水梯级利用流程示意图

对于食品饮料行业，工业用水量大，各种洗涤废水量大，但污染负荷低，出于食品饮料行业卫生安全需要，废水很难在企业内部循环使用，此类废水可以在产业间回用，如用于汽车制造业、工程机械制造业的循环冷却水。

6.4.3.2　生活用水循环利用方案

随着经开区经济快速发展和人口增长，生活用水水量也会快速增加。经开区要采取有效措施，节约生活用水，并努力使生活用水循环使用，以减少生活污水的排放。其中，降低居民生活用水量将是削减污染物排放最直接、最有效的措施，不仅减少污水排放对环境造成的压力，同时还可以缩小供水厂和污水处理厂的规模，减少投资和运行费用。生活污水减量首先要考虑采取节水措施，即“节水减污”，减少居民生活对自来水的消耗量。在经开区内大力推广建筑节水技术，居民小区、学校、企事业单位及公共设施等场所内安装节水器具；同时要向全区居民宣传节约用水，在公共场所和居民小区制作宣传栏并张贴醒目的宣传标语，提高市民的节水意识；还要从市场入手，制定严格的节水标准，淘汰耗水量大的用水器具，推广经检验合格并得到认证的节水器具。

6.4.3.3 开展中水回用，节约新鲜水用量

加强经开区内工业和生活废水处理后的再利用，提高区域中水利用效率。建议在星沙污水处理厂建再生水厂，再生水将主要来自于星沙污水处理厂一期、二期工程的深度处理后出水，可考虑用于工业企业的循环冷却等。另外，经开区内绿化面积较大，部分中水可用于区内绿化、道路冲洗，还可考虑用于洗车、设备冲洗等。

经开区应实施可持续中水回用战略，并制订相应的行动计划，包括：制定中水回用指南和标准，提供技术支持与培训，加强宣传，提高社会对中水回用的了解；对中水回用关键领域技术的研究提供支持；加大基础设施建设力度，推动中水回用；建立多渠道的中水回用投融资机制；最终实现提高水资源的综合利用效率，减少污染物排放，实现区域水资源可持续利用的目标。

长沙经开区水资源代谢如图 6-10 所示。

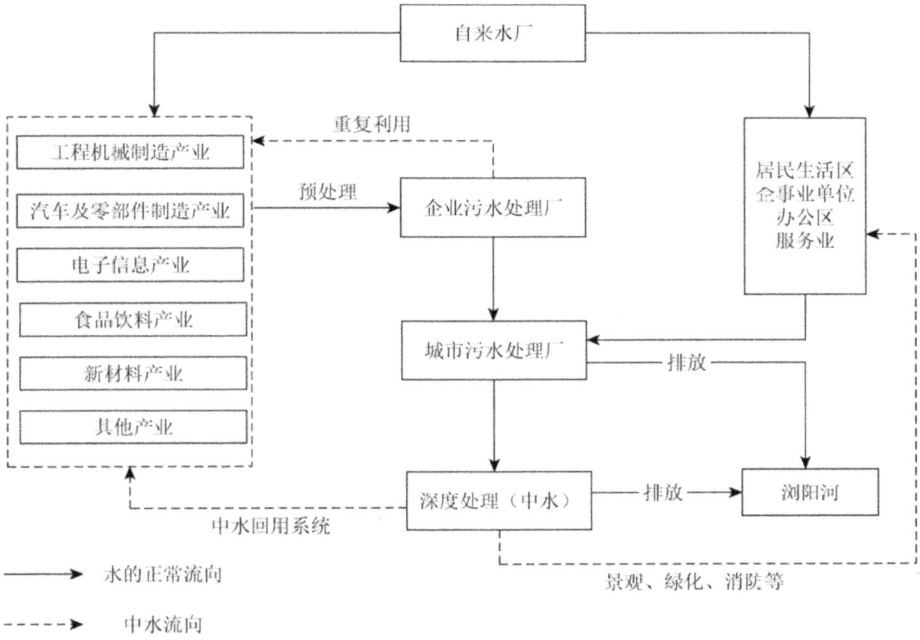

图 6-10 经开区水资源代谢图

7 园区系统调控之三：低碳设计

自1750年以来，由于人类使用化石燃料和改变土地利用方式等活动的影响，全球大气二氧化碳浓度已经明显增加，气候正发生以变暖为主要特征的显著变化，而气候变化深刻地影响着世界的能源安全、生态安全、水资源安全和公众健康等。近年来，处于工业化和城市化加速发展阶段的中国，能源消费和温室气体排放增长速度十分惊人。工业是我国经济的主体，这决定了能源消费的主要部门是工业。据统计，2010～2015年我国工业能源消费年均增长3.6%，2015年能源消费总量达43亿吨标准煤，其中工业能源消费约占能源消费总量的68%。

生态工业园区是第三代工业园区，遵循循环经济的发展理念，代表了当前工业园区的发展潮流；其“废弃物最小化”原则，首先就应是碳排放最小化，甚至是“无碳化”。对园区进行低碳化设计，构建低碳型生态工业园区，以应对二氧化碳浓度上升导致的全球气候变暖及随之而来的各种环境问题，引导园区向更高层次的稳定状态演化，是世界尤其是我国工业园区发展的必然选择。

7.1 低碳型生态工业园区的内涵

7.1.1 低碳经济

尽管在20世纪90年代后期，低碳经济的概念就已经见于各类文献资料，但直到2003年，英国在其《能源白皮书》中才首次正式提出这一概念。到目前为止，学术界对低碳经济仍未给出明确的界定。其分歧主要是对低碳经济是一种经济形态还是一种发展模式，或是两者兼而有之，未能达成明确的共识。

低碳经济是指在可持续发展理念指导下，通过技术创新、制度创新、产业转型和新能源开发等多种手段，尽可能地减少煤炭、石油等高碳能源消耗，减少温室气体排放，达到经济社会发展与生态环境保护双赢的一种经济发展形态。低碳发展是指在保证经济社会健康、快速和可持续发展的条件下最大限度减少温室气体排放的经济发展模式。低碳发展，重点在低碳，目的在发展，是一种更具竞争力、更可持续的发展方式。可以看出，低碳经济与低碳发展相辅相成，并无矛盾之处，而是有机统一的互补关系。

对于低碳经济，国内学者从不同角度给出不同的解释。鲍健强等（2008）从科学发展观角度指出，低碳经济是经济发展方式、能源消费方式及人类生活方式的一次新变革，它将全方位改造建立在化石燃料基础上的现代工业文明，使之转向生态经济和生态文明。庄贵阳（2005）从效率角度来看，认为低碳经济的实质是提高能源效率和清洁能源结构，最大限度地减少煤炭和石油等高碳能源消耗，建立以低能耗、低污染为基础的经济。付允等（2008）从发展模式的角度出发，指出低碳经济发展模式就是以低能耗、低污染、低排放和高效能、高效率、高效益为基础，以低碳发展为发展方向，以节能减排为发展方式，以碳中和技术为发展方法的绿色经济发展模式。

综合来看，低碳经济是一种以消耗低碳燃料为主，追求二氧化碳最小化排放的发展模式，也是一种高能效、低资源消耗和低温室气体排放的经济模式。

7.1.2 低碳型生态工业园区

生态工业园区是循环经济的实现形式，循环经济是按照自然生态物质循环方式运行的经济模式，遵循“减量化、再利用、再循环”的“3R”原则。循环经济的提出为工业化以来的传统经济转向可持续发展的经济提供了战略性的理论范式，从根本上缓解了资源约束与经济发展之间的尖锐冲突，要求将经济发展建立在自然生态规律的基础上，促使大量生产、大量消费和大量废弃的传统工业经济体系转轨到物质的合理使用和不断循环利用的经济体系，为传统经济转向可持续发展的经济提供了新的理论范式。

生态工业园区是依据循环经济理念、工业生态学原理和清洁生产要求而设计建立的一种新型工业园区。它通过物质流或能量流传递等方式将不同工厂或企业连接起来，形成共享资源和互换副产品的产业共生组合，建立“生产者—消费者—分解者”的物质循环方式，使一家工厂的废弃物或副产品成为另一家工厂的原料或能源，寻求物质闭路循环、能量多级利用和废弃物产生最小化。

低碳型生态工业园区是指，在生态工业园区内引入和强化碳排放指标，实现园区内生产、交换、分配和消费等社会再生产全过程的经济活动低碳化和能源消费生态化，使二氧化碳排放量尽可能减少到最低限度甚至零排放，在实现经济效益的同时获取最大的环境效益。生态工业园区是物质闭路循环、能量多级利用和废弃物产生最小化的循环经济实现形式。低碳经济是一种以消耗低碳燃料为主、追求二氧化碳最小化排放的发展模式，也是一种高能效、低资源消耗和低温室气体排放的经济模式。低碳化是生态工业园区发展的必然选择，也是最佳体现与首选途径。在生态工业园区的发展目标中，“废弃物产生最小化”首先应该表现为碳排放量的最小化甚至是无碳化。因此，生态工业园区的发展必然要走低碳化模式，低碳化发展路径是生态工业园区发展的重要特征。

7.2　生态工业园区标准中的低碳指标

生态工业园区是建立在企业清洁生产基础上的中观层面的循环经济实现途径，是建立在自然生态规律的基础上，促使大量生产、大量消费和大量废弃的传统工业经济体系转轨到物质的合理使用和不断循环利用的经济发展形式。低碳经济是人文发展水平和碳生产力（单位碳排放的经济产出）同时达到一定水平下的经济形态，旨在实现控制温室气体排放的全球共同愿景。在生态工业园区推行低碳发展模式，通过技术跨越式发展和制度约束实现能源效率的提高与能源结构的优化，在实现经济发展的同时实现碳排放量的最小化。生态工业园区标准及涉碳指标发展情况如下。

7.2.1　涉碳间接指标

2006 年 9 月 1 日，中华人民共和国环境保护行业标准 HJ/T 273—2006《行业类生态工业园区标准（试行）》、HJ/T 274—2006《综合类生态工业园区标准（试行）》和 HJ/T 275—2006《静脉产业类生态工业园区标准（试行）》开始实施（2015 年已修订）。

行业类生态工业园区是以某一类工业行业的一个或几个企业为核心，通过物质和能量的集成，在更多同类企业或相关行业企业间建立共生关系而形成的生态工业园区。综合类生态工业园区是由不同工业行业的企业组成的工业园区，主要指在高新技术产业开发区、经济技术开发区等工业园区基础上改造而成的生态工业园区。静脉产业类生态工业园区是以从事静脉产业生产的企业为主体建设的生态工业园区，其中静脉产业（资源再生利用产业）是以保障环境安全为前提，以节约资源、保护环境为目的，运用先进的技术，将生产和消费过程中产生的废弃物转化为可重新利用的资源及产品，实现各类废弃物的再利用和资源化的产业，包括废弃物转化为再生资源及将再生资源加工为产品两个过程。

行业类和综合类生态工业园区根据生态工业的特征和园区建设的关键环节，其标准均分为经济发展、物质减量与循环、污染控制和园区管理四个部分，标准也可分别细分为 19 个和 21 个二级指标。涉及碳排放的指标均在物质减量与循环中，仅有单位工业增加值综合能耗一个指标。其中行业类生态工业园区要求单位工业增加值综合能耗达到同行业国际先进水平；综合类生态工业园区对单位工业增加值综合能耗要求为单位工业增加值能耗≤0.5 吨标煤/万元，且 2010 年前评审的园区除达到该指标外，还须满足 $E \leqslant E_{2005} \times (1-0.0436)^{i-2005}$，其中 E 表示单位工业增加值能耗，E_{2005} 表示园区 2005 年单位工业增加值能耗，i 表示评审年份，即在 2010 年完成能耗降低 20%的要求。

《静脉产业类生态工业园区标准（试行）》中指出，静脉类生态工业园区标准建设要符合国家节水、节地、节能和节材等相关要求。根据生态工业的特征和园区建设的关键环节，静脉产业类生态工业园区标准由经济发展、资源循环与利用、污染控制和园区管理四部分组成，并进一步细分为20个指标。除要求园区建设符合国家节能的相关要求外，没有与碳排放直接相关的指标。

2009年6月，环境保护部发布了《综合类生态工业园区标准》(HJ 274—2009)，代替《综合类生态工业园区标准（试行）》(HJ/T274—2006)。此次修订，在《综合类生态工业园区标准（试行）》(HJ/T 274—2006)的基础上，增加了基本条件4项、具体指标5项，调整了部分指标值，增加的指标之一是“综合能耗弹性系数<0.6”。但新发布的标准中，依然未涉及碳减排的直接指标，该标准在2015年进行修订。

7.2.2 碳减排指标

随着对应对气候变化的重视，我国采取了一系列实施低碳发展的政策措施。例如，我国在2009年底哥本哈根全球气候变化大会上提出，到2020年时单位GDP碳排放强度比2005年的水平低40%～50%；2014年制定了第一部应对气候变化中长期规划《国家应对气候变化规划（2014—2020年）》，发布了《中美气候变化联合声明》；2015年6月30日，正式公布中国国家自主贡献预案《强化应对气候变化行动——中国国家自主贡献》等。减少碳排放量、实施低碳发展，是中国应对气候变化的根本途径，更是提升未来国家核心竞争力的重要战略选择。

鉴于国家的低碳发展战略，2015年12月，环境保护部发布了《国家生态工业示范园区标准》(HJ 274—2015)，代替了之前发布的标准。《国家生态工业示范园区标准》(HJ 274—2015)与之前发布的标准最大的区别之一是，增加的必选指标中，有碳减排的直接指标“单位工业增加值二氧化碳排放量年均削减率≥3%”。

综上分析可以看出，生态工业园区标准不断修订中，也在不断增加降低能耗、低碳发展的标准要求。

7.3 生态工业园区的低碳化

生态工业园区是依据循环经济理念、工业生态学原理和清洁生产要求而设计建立的一种新型工业园区，是中观层面的循环经济实践载体。所谓低碳型生态工业园区是指在园区的建设和发展过程中贯彻低碳经济理念，大力推行低碳发展模式。在全球积极应对气候变化的时代背景下，低碳型生态工业园区的构建将有利于缓解我国能源资源瓶颈，提升国家综合竞争力，促进资源节约型和环境友好型社会的建设。

低碳型生态工业园区的构建，主要应从园区结构的低碳化和园区功能的低碳化两个方面着手。生态工业园区的结构就是组成园区各要素之间的相互关系及其相互作用，主要是生态工业链的结构，即园区内企业之间的相互关系及其相互作用。生态工业园区的主要功能体现在四个方面：绿色生产功能、科技开发功能、示范带动功能和综合服务功能。生态工业园区的功能源于并且依附于其结构，功能强弱取决于结构是否合理，功能的低碳化必然建立在结构的低碳化基础之上。

7.3.1 园区结构的低碳化

我国的生态工业园区大多是通过对旧的工业园区改造发展而来的，无论是改造型还是新建型，园区生态工业链的建立最初总是源于废弃物的利用而形成的简单的单链结构，具有简洁、实用、废弃物循环周期短、企业间关系简单和易于协调管理等优点。但单链结构同时具有因脆弱性而造成的不稳定性，使生态工业园区面临很大的系统性风险。从稳定性因素考虑，生态工业园区在实践中逐步建立了较为复杂的工业链网。网状结构的生态工业园区中，一个企业可以向其他数个企业排放废弃物，同时也可接收其他多个企业的剩余产品作为原料，企业间联系犹如一张错综复杂的网。它弥补了单链结构易断的缺陷，增强了稳定性，但对主导企业的稳定性要求高。目前实际应用中可以归为这类结构的成功案例并不多。一般来说，工业生态链网的结构越复杂，整个系统的稳定性就越好。

生态工业链由单链向链网的进化过程，实质上是生态工业园区的产业结构不断调整和升级的过程。在这一过程中，应积极推动园区产业结构向低碳方向发展，遵循“增加碳汇、减少碳源”的原则。首先，在改善园区生态环境的同时，限制或淘汰落后的高能耗、高污染产业的发展，在现有的产业中开展技术革新和管理创新，推进生产过程中的节能减排，大力促进“碳源”的减少。其次，积极引入低能耗、低排放的新兴产业，加快发展高新技术产业和服务业，努力提高高新技术产业和服务业的比例，构筑高端化、高质化和高新化产业结构，使园区产业结构向低能耗、低污染和低碳排放的方向发展。最后，在园区大力开展再生能源技术、节能减排技术、清洁煤利用技术和低碳管理技术等，有利于促进低碳经济发展和实现碳减排关键技术的研究与开发，推进低碳技术产业化。

同时，生态工业链由单链向链网的进化过程，也是生态工业园区中能源利用结构不断优化的过程。在能源利用结构优化过程中，通过改善工艺和革新能源管理模式，提高能源利用效率，减少综合能耗，重点发展使用水能、风能、太阳能、生物能、地热能和潮汐能等清洁能源与低碳能源。加强清洁能源基础设施的使用、加强对原有建筑的节能改造和新建建筑的节能设计、提高建筑节能率等，都是减少碳源的有效途径。

生态工业链由单链向链网的进化过程，还表现在生态工业园区管理组织结构的协同进化方面。在园区管理组织结构进化过程中，应逐步建立低碳经济管理机制。低碳经济管理机制包括：制定经济鼓励政策，推动园区企业开展产业结构低碳化升级，改变能源利用模式；制定技术政策，促进和鼓励低碳技术的研发及产业化；在园区准入政策中纳入低碳经济的要求；加强园区内企业员工、居民和学生低碳经济理念的教育及宣传，促使公众改变生产、生活和消费行为模式，使用低碳技术、低碳产品等。

综上所述，低碳型生态工业园区结构的低碳化应从产业结构低碳化、能源利用结构低碳化和园区管理组织结构低碳化三个方面来推进。

7.3.2 园区功能的低碳化

生态工业园区具有绿色生产功能、科技开发功能、示范带动功能和综合服务功能，园区功能的低碳化就是指这四大功能的全面低碳化。

绿色生产功能是生态工业园区的基本功能，指的是园区工业生产不是单纯以经济效益为目标，而是通过物质闭路循环、能量多级利用和废弃物产生最小化来减少资源消耗和环境污染，寻求经济、环境与社会的和谐发展。在生态工业园区的生产活动中，应依据区域产业、经济和自然特点组织成产业群落，整合技术方法和机构制度，完善废弃物再利用渠道和静脉产业，尽可能地减少煤炭石油等高碳能源消耗，减少温室气体排放，实现绿色生产功能的低碳化。

科技开发功能是生态工业园区别于传统工业园区并保持旺盛生命力的关键所在，也是园区功能低碳化的核心。世界各国特别是发达国家在低碳经济领域的积极实践表明，发展低碳经济已是可持续发展的时代潮流，以能源环境技术为核心的新一轮国际发展实力的竞争浪潮即将形成。以高端化、高质化和高新化产业结构为特征的生态工业园区，其发展成功与否取决于再生能源技术、节能减排技术、清洁煤利用技术和低碳管理技术等有利于促进低碳经济发展和实现碳减排的关键技术的研究和开发。园区通过采用各类低碳技术和开发低碳管理模式，利用物料循环、能源梯级利用和提高效率来降低生产过程的碳排放；利用支持性服务和公共设施的共享来降低运营过程中的碳排放；利用企业的集中度来降低运输过程中的碳排放。科技开发功能的低碳化是生态工业园区实现其经济效益与环境效益同步发展的必然选择，也是世界工业园区走可持续发展道路的大势所趋。

示范带动功能基于生态工业园区中生态工业链的构建，实现了经济和环境的协调发展，展示了环境对经济发展的促进作用，从而在产业结构调整、地区经济增长和生态环境保护等方面起到了示范带动作用。日本北九州静脉生态工业园区，通过各类低碳技术将 2005 年园区二氧化碳排放量削减了 17.5 万吨，仅排放 2.3 万吨，为世界工业园区做出了良好的表率。

综合服务功能是指为生态工业园区绿色生产、科研和技术开发等提供各类专业服务的能力。生态工业园区综合服务功能的低碳化主要应表现在：对于园区内企业推行生产过程低碳化所遇到的低碳技术瓶颈和低碳管理方面的阻力，能及时有效地反馈给相关单位；园区管理者能对生态工业链网上企业在低碳化过程中的利益进行有效的平衡；园区应制定健全的保障低碳经济发展的各项规章制度，并确保能够得到有效的实施。

7.4 案例分析

7.4.1 能源消耗状况分析

2010～2015 年，经开区综合能源消耗总量为 161.4 万吨标煤，2010 年综合能耗总量为 29.2 万吨标煤，2011 年降低到 26 万吨标煤，2015 年又基本回升到 2010 年综合能耗总量水平。工业增加值从 2010 年的 301.6 亿元，增加到 2015 年的 569.5 亿元。在这期间，经开区单位工业增加值综合能耗持续下降，从 2010 年的 0.097 吨标煤/万元持续下降到 2015 年的 0.050 吨标煤/万元，远低于国家生态工业示范园区单位工业增加值综合能耗 0.5 吨标煤/万元的标准，如图 7-1（a）所示，表明经开区发挥了高新技术产业园区的特征，产业综合能耗相对较低；综合能耗弹性系数 2011 年起达到国家生态工业示范园区验收标准规定的 0.6，如图 7-1（b）所示。由此可见，经开区综合能源呈可持续性消费模式，正逐渐实现单位工业增加值能源消耗强度和能源消耗总量的控制。

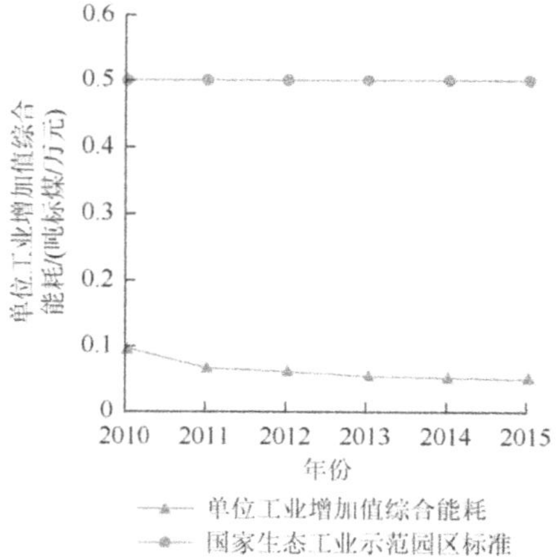

(a) 区内单位工业增加值综合能耗

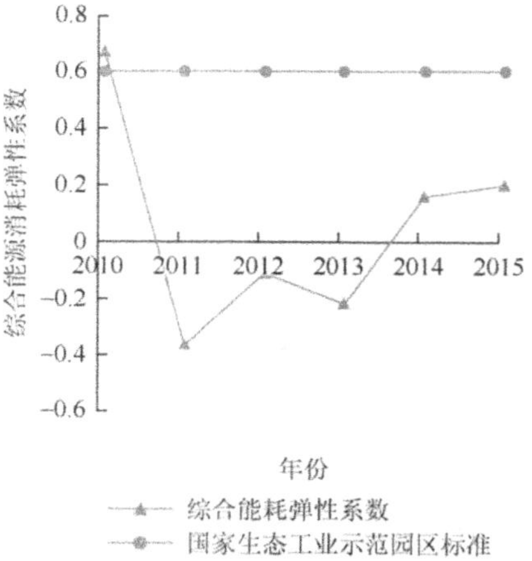

(b) 区内综合能源消耗弹性系数

图 7-1　能源消耗情况

7.4.2 能源消耗中存在的问题

近年来，尽管单位工业增加值综合能耗呈下降趋势，但综合能耗总量呈现先下降后上升的趋势，在能源消耗上还存在诸多问题。

1）能源结构有待进一步优化

经开区应进一步大力推广天然气、电力等高效清洁能源，全面推进煤改气等，最终实现无煤区。此外，能源消费仍以电力等常规能源为主，非化石能源占比依然维持在 1%左右，与天然气使用相关的氮氧化物排放量依然较高的问题需重点解决，清洁能源与可再生能源的使用比例仍待进一步提高，加大对环境承载力的关注。

2）能源梯级利用不足

能源梯级利用规模较小，缺乏总体行动和规划，这一方面造成了能源浪费，另一方面又带来了环境污染问题。应该鼓励企业利用现有设备的余热余压，通过各种方式循环利用，高能级的热源经上一级企业使用后多余能量供给需求低的企业使用。

3）激励约束机制有待完善

一是高耗能企业的能源管理机构、人员落实不够，管理制度不健全，节约管理基础工作不扎实，管理水平较低。二是各项节约专项资金落实不到位，节能降耗考核体系、奖惩机制不完善，差别电价、超标准耗能加价收费及淘汰落后产能等政策在落实过程中还存在一定难度。

7.4.3 低碳化发展方案

为了解决经开区能源消耗过程中存在的问题，特提出如下低碳化建议。

1）构建促进低碳经济发展的政策体系

根据经开区产业发展情况，制定全区系统全面的低碳经济规划，将低碳经济融入经开区的规划、建设和招商引资的全过程。在工业、建筑、水资源利用、能源利用、景观规划各个领域实施低碳化，逐步形成未来限控二氧化碳等温室气体排放的统计、监测、考核标准。

灵活利用税费与补贴政策，对高能耗和高碳排放产品、工艺、企业加征税费，制定鼓励低碳工业发展的优惠政策。通过税收优惠政策，或在所得税、增值税、消费税和营业税等方面给予减免，鼓励企业使用清洁能源和可再生能源，鼓励企业技术改造和科技创新，加快对能耗高、污染大及产能低的传统工艺的改造提升，促进低碳发展。

2）调整产业结构，发展低碳生产

准确把握经开区特色和功能定位，确定产业结构调整的战略方向，分析基于碳减排的产业之间的结构变化趋势，建立低碳产业体系，加快经开区产业结构调整和优化，彻底转变经开区经济增长方式，改变高消耗、高污染、高能耗传统经济发展模式为低消耗、低污染和低能耗的新低碳发展模式。

经开区节能管理部门应会同相关部门，在严格执行国家有关标准的基础上，明确鼓励、限制和淘汰的工艺装备及产品，制定经开区主要行业及产品的能耗限额、水耗限额和污染排放标准，提高市场准入门槛，加快淘汰高耗能、高排放行业的落后产能和生产工艺，对不符合环保法律法规、产业政策的项目，以及对饮用水源地等环境敏感地区产生不利影响、群众反映强烈的项目禁止入区。用能单位新建或者改建锅炉、窑炉和其他耗能设备，必须采用国家和经开区推广的节能设备与技术，禁止使用国家和经开区明令淘汰的用能设备与技术。同时，提高区内高新技术产业比例，优化产业结构。

3）优化能源消费结构，提高能源利用效率

实现能源结构的战略性调整，逐步减少燃油的使用，提高天然气使用比例和利用效率，加速提高燃气普及率；加大太阳能、生物质能等可再生能源的推广使用；率先在公共基础设施和公共建筑中推广采用感光太阳能路灯、太阳能中央空调和太阳能热水器等清洁能源，并逐步鼓励企业在厂房和办公建筑中使用清洁能源，提高清洁能源尤其是可再生能源的使用比例。

注重推进热能资源梯级利用，鼓励企业利用现有设备的余热余压，通过各种方式循环利用。能量集成重要的是要求企业在各生产过程内有效利用能量，因为不同企业对能量的等级要求不一样，应根据各用能企业能级需求的高低，构成能量的梯级利用关系，高能级热源经上一级企业使用后多余能量供给需求低的企业使用，这样能够有效地满足各单位的用能需要，而不增加能源消耗，提高能源利用率。针对经开区现状，加大机械制造、汽车制造和新材料产业（如精密铜管）进行余压回收利用、余热回收利用，建立能源梯级利用机制。

4）推广建筑节能

长沙经开区建筑物的设计和建造应当依照有关规定，采用节能型建筑结构、材料和器具的产品，提高保温隔热性能，降低采暖、制冷、照明、动力和热力等设备的能耗。节能型建筑重点在软件企业及办公楼、写字楼等办公类场所推广，按照严格的环保节能和节水要求设计、建设或改造。在企业尤其是规模较大的生产制造类企业以及孵化器中，推广标准化节能厂房。在隔热、保暖、采光及照明等方面，从方案设计、材料选择、建筑建设到使用全过程贯彻节能环保要求。

5）建设低碳型社区

鼓励低碳消费。在经开区内穿、用、住、行的各个消费领域，综合利用税收、价格和经济补偿等政策工具，提倡绿色产品的消费，提倡选乘公交车、骑自行车和步行等出行方式，引导和推广低碳消费方式，抑制高碳消费。

开展节能宣传和交流。建立节能降耗公共服务平台，开展节能知识法律法规宣传，组织节能技术培训；定期发布开发区能源、水资源利用状况和相关统计资料，推荐最新的节能技术和产品，推广先进的节能方法和经验，加强区内企业在节能降耗方面的交流与合作；开展节能领域的国际国内交流合作。

深入开展经开区碳汇建设。不断提高经开区绿化面积，增加全区森林的碳汇功能。

6）完善管理机构，加强低碳管理

经开区要建立健全节能机构，成立专门的节能主管部门，全面负责全区节能降耗工作，制定节能降耗目标，切实加强能源基础管理；制定开发区节能、节水的指标体系和考核方法，并对指标任务量化分解，落实到开发区重点耗能、耗水企业；完善能源监测和统计体系，做好能源消费统计和效率分析；对固定资产投资项目节能评估进行审核；对重点企业合理用能进行监测，组织实施节能领域示范工程。要坚决淘汰高耗能设备及工艺，针对设备存在的能源浪费问题，查找原因，有的放矢地对设备进行节能改造，从而降低企业能耗水平，提高企业经济效益。依据国家有关规定和最新的技术发展状况，编制及更新节能产品手册，引导用能单位与个人正确选择使用节能、节水效果显著和质量可靠的产品，加大成熟节能产品和技术的推广力度。

8　生态工业园区建设的综合对策

8.1　树立绿色发展理念

工业园区既是经济发展的引擎，也是资源能源消耗、工业污染排放的大户，在生态文明建设和可持续发展的要求指导下，绿色、低碳、循环、生态化发展是工业园区发展的唯一通路，而生态工业园区建设发展是树立绿色发展理念的重要抓手和载体。

首先，做好工业园区的绿色生态化设计。以多规合一为统领，进行系统优化，结合工业园区的现有基础，分层次、分区域地进行生态工业园区规划与设计，通过园区生态系统结构设计、生态链设计、重点专项建设项目规划、零排放设计、生态链网络构建等，提升产业结构，优化园区产业定位。

其次，推进工业园区的生态化改造。搭建循环性基础设施和公共服务平台，注重补齐短板，从产品链和废物链两个方向出发，引进补链项目，完善生态工业链和工业共生网络，形成企业间互利共生及区域层面的物质循环，形成资源和废弃物循环利用，提升产业集聚效应。

最后，推动园区智能化建设。加快园区企业智能化改造，以物联网技术、工业机器人等智能装备应用、新一代信息技术与制造技术融合为突破口，促进数控技术和智能装备在园区的广泛应用，推进装备智能化升级、工艺流程改造、普及信息化管理，优化企业的资源配置，提升企业研发设计、生产制造、企业管理、销售服务的智能化、精细化管理水平和生产运营效率效益，稳步提升园区智能化水平。提升园区信息管理智能化水平，积极推进园区信息化平台建设，提升智慧园区信息管理系统，实现内部办公网络化以及与企业高效互联互通，全面推进园区的高效电子政务和便捷的公共服务，实现政务、服务的网络平台化，构建基于互联网的“一站式”园区管理服务模式。推动园区环保监控平台智能化，建设园区环保综合监管平台，对感知数据进行一体化智慧应用，实现对园区环境质量、污染源和环境风险等要素的全面感知和综合评估，提升园区的环境综合管理水平。

8.2　坚持政府引导与监管

在推动生态工业园建设中，政府仍处于主导地位。世界各国的生态工业园区建设实践表明，政府（园区管理部门）为发展经济所进行的规划引导、基础设施建设、政策制度完善和优质服务是实现产业生态化发展与企业生态化转型的必要条件。在生态工业园区建设过程中，由于我国企业和个人开发能力不够强，政府扮演着十分重要的角色。政府除了完善其服务职能、制定发展政策和规章制度外，还要协调企业间的各种矛盾和冲突，维护和管理园区的发展。

首先，中国目前的开发区普遍面临二次创业和产业结构调整问题，以循环经济理念建设工业园，成为很多园区或企业的一种自主选择，因此在生态工业园区建设时，政府担当的不再是指挥者的角色，而是组织者、服务者，积极引导园区企业进行生态化转型和改造，以“大园区、大服务、小机构”为原则，淡化政府行政管理的角色，强化服务企业的意识。其次，政府对生态工业园区的建设及产业结构调整，要遵循市场运行规律，加大科技投入，提高生态工业园中物质、能量和信息等的利用效率。最后，提升服务水平，基于污染源的全生命周期的变化，建立网格化管理机制，强化分类管理，重点对小微企业开展排查、走访、宣传、调解等工作，全面提升园区劳动关系和谐水平；建立灵活的人才管理、服务、培育机制，构建园区人才服务网络，加强人才的流动。

强化环保法制。完善环保法制，理顺环保体制，克服地方保护主义，提高执法效率；加强执法队伍建设的投入，加大环境污染检测、污染物排放远程监控及执法装备方面的科技投入和资金投入，提高执法人员的执法水平，规范执法行为。为企业提供良好的法律服务，激励、引导企业自觉守法，对违法企业要依法惩处，对守法企业要进行经济激励。加强环保工作的统一监督和管理，规范执法行为，提高执法透明度，加强国家和各地环保部门及监察部门对环境执法的行政监察。

完善配套政策。完善生产者延伸责任制，逐步扩大推行领域，选择重点品种试点实行目标回收制，建立第三方管理制度。建立再生产品和再生原料推广使用制度，引导生产企业加大再生原料的使用比例，特别是园区内及周边的再生原料，延长生态工业链。完善一次性消费品限制使用制度，提高回收利用率。持续推动生态工业园区创建制度和清洁生产制度，紧密结合区域三线一单等实施战略和规划环评，从区域整体层面引导主导产业和产业集群，延长产业链，缩短产业之间的衔接缝隙，最大限度实现物料区域内循环利用，推动园区可持续发展。

8.3 完善市场化机制

工业园区在生态化建设和改造过程中，基础设施等建设任务非常艰巨，投资很大，单依靠工业园区自身完成比较困难，且发展生态工业和循环经济具有正外部性，在政府从财政、金融、税收等方面给予扶持之外，在合适的领域也应积极引入市场机制。

引入市场模式。在生态工业园区建设中，应根据生态工业园区建设需要，在污水处理、能源梯级利用、水循环利用等领域，鼓励引进市场机制和模式，如采用政府和社会资本合作（public-private partnership，PPP）模式等，积极吸引社会资本，明晰政府和合作方的责权，建立违约惩罚机制，规范利益分配、风险分担机制。积极引进环境污染第三方治理，推动引入“环保管家”，为工业园区或企业提供一站式环保托管服务，统筹解决企业环境问题，解决园区环境管理短板问题，提升环境管理效率和水平。

健全激励措施，建立资源回收利用成本及收益的合理分摊机制，采取财政、税收和价格等经济政策，发挥市场机制，提高废弃物综合利用企业及产品的市场竞争力。加大投入力度，充分利用中央预算内投资、技术改造、节能减排、清洁生产、专项建设基金等资金渠道，推动建立发展循环经济的专项资金，对循环经济重大技术装备的创新研究和应用示范、资源循环利用、绿色制造试点等予以支持；完善财税政策，提高资金使用效率，逐步由现金型补贴政策转向信用额度支持政策。运用税收等措施鼓励进口先进的节能、节水、节材等技术、设备和产品；增加废旧物资回收环节的增值税优惠，使部分大型回收企业或利废企业能够抵扣进项税，平衡税负与优惠政策，逐步扩大增值税优惠范围；加强惩罚性税收政策，推进资源税费征收与综合利用水平相挂钩、资源补偿费征收与储量消耗挂钩，减少资源浪费和低值利用。发展绿色金融，以绿色金融支持生态工业园建设，不断扩大工业绿色信贷和绿色债券规模，对符合国家产业政策的节能、节水、节地、节材、资源综合利用等项目给予优先贷款等信贷支持，积极开展绿色消费信贷业务。实行有利于资源节约和合理利用的价格政策，对部分关键节能环保型产业或产品，提高价格补贴比例。推动政府绿色采购，利用政府需求引导工业园区发展。落实和完善支持资源回收利用体系建设的用地政策，不断提高土地节约集约利用水平，对圈地而不用或好项目无地可用现象进行整改。

8.4　加强技术创新驱动

建设和发展生态工业园区是为了使废弃物等在回收的基础上，更好地转变为能被利用的资源，但是，多数企业自身缺乏开发提高资源利用效率的关键技术，只能维持简单再生产，资源利用效率低，而且技术落后，难以承担污染治理。

建议加强园区内企业技术创新，由政府引导，有计划地扶持相关企业对废旧资源化加工和利用技术等进行研发。不断推进和完善资源循环利用产业技术创新体系建设，确保产业发展的生命线。建立以企业为主体、市场为导向、科研院所和大专院校参与、产学研用结合的技术创新体系。推动研发平台、技术转化平台和科技公共服务机构为企业技术创新服务，促进各研发检测机构向企业开放，提升企业持续创新能力。鼓励和支持园区建设创新创业、科技研发、工业设计、检验检测、数据通信、电子商务、人才培训、现代物流等“大数据、大支撑、大安全”的公共服务平台，为园区中企业、工厂、设备、产品、服务的技术创新和应用提供支撑。

工业园区引入企业时，将环境友好与资源节约作为考核标准，强化科技创新和科技应用方面的规定，对研发和使用绿色低碳型技术、资源回收利用技术、生态无害化技术、循环物质性能稳定技术以及闭路循环技术的企业，给予优先或优惠。

8.5 鼓励公众参与

在生态工业园区建设中，提高生态环境治理体系各主体的环保价值观，特别是政府和企业需充分意识到其保护园区环境的责任与义务，积极鼓励相关利益者参与园区建设，保障公众园区建设和环境保护的知情权、参与权、表达权和监督权。

鼓励并要求入园企业自觉遵守环境法律法规，树立可持续发展观、环境观和效益观，积极建立环境管理体系，大力实施标准化管理，不断用循环经济和清洁生产理念指导生产。鼓励企业采用无害或低害的新工艺、新技术，大力降低原材料和能源的消耗，实现少投入、高产出和低污染，尽可能将对环境污染物的排放消除在生产过程之中。鼓励企业利用园区的科技创新政策和人才优势，积极寻求技术交流和科研合作，组织力量进行技术攻关，实现生产技术的创新和升级，使技术向清洁生产、污染零排放方向发展，实现园区的节能减排。要求企业主动承担社会责任，将生态环境保护和建设的观念贯彻到企业的经营管理之中，在追求自身利益的同时履行社会责任，营造环境友好的企业文化，促进企业与员工、企业与社区的和谐发展。

推进园区信息公开，接受公众监督。建立生态工业园建设和环保管家等服务机构的信息公开机制，通过各种渠道向社会公布，环保管理部门定期对日常信息公开情况征求公众、企业等意见，逐步调整改进。设立并公开各类咨询、投诉及举报方式，及时处理投诉、举报信息。鼓励企业制定年度环境绩效与社会责任报告，并在园区平台进行公开。

参考文献

鲍健强，苗阳，陈锋. 2008. 低碳经济：人类经济发展方式的新变革[J]. 中国工业经济，241（4）：153-160.

边均兴. 2005. 面向可持续发展的生态工业园建设理论与方法研究[D]. 天津：天津大学.

蔡晓妍，戴冠中，杨黎斌. 2009. 基于谱聚类的复杂网络社团发现算法[J]. 计算机科学，36（9）：49-50，95.

柴立和，霍翠花. 2007. 生态工业系统结构演化的模拟与分析[J]. 天津大学学报，40（6）：736-741.

陈波，石磊. 2008. 中国生态工业园区废物交换系统的功能框架及原型开发[J]. 环境科学与管理，33（1）：161-165.

陈定江，李有润，沈静珠，等. 2002. 生态工业园区的 MINLP 模型[J]. 过程工程学报，2（1）：75-80.

陈杰，屠梅曾，赵旭. 2004. 生态供应链下环境型采购的博弈分析[J]. 系统工程理论方法应用，13（3）：268-271.

陈瑾瑜，王朝全. 2007. 博弈论在构建生态产业链中的应用分析[J]. 生态经济，（10）：87-90.

陈亮，王如松，杨建新. 2005. 鲁北工业生态系统分析[J]. 环境科学学报，25（6）：721-726.

陈庆云. 2011. 公共政策分析[M]. 2 版. 北京：北京大学出版社.

陈振华，袁九毅，潘峰，等. 2009. 静脉产业类生态工业园区标准研究[J]. 安徽农业科学，37（8）：3728-3730，3742.

陈振明. 1998. 政策科学[M]. 北京：中国人民大学出版社.

党承林，李永萍，彭明春，等. 2006. 生态系统的可靠性及其稳定性的维持[J]. 云南大学学报，28（3）：257-261.

邓华. 2006. 我国产业生态系统（IES）稳定性影响因素研究[D]. 大连：大连理工大学.

董王飞. 2009. 我国生态工业园创建路径研究[D]. 西安：西北大学.

杜旻. 2003. 生态工业共生体稳定性研究[D]. 哈尔滨：东北农业大学.

杜世勋，曹利军. 2005. 循环经济技术范式和企业持续技术创新研究[J]. 管理评论，17（2）：37，40-46.

段宁. 2001. 清洁生产、生态工业和循环经济[J]. 环境科学研究，14（6）：1-4，8.

段宁，邓华，武春友. 2006. 我国生态工业系统稳定性的结构型因素实证研究[J]. 环境科学研究，19（2）：57-61，81.

段宁，孙宁，魏晓琳. 2002. 关于推进我国生态工业园区建设的思考和建议[J]. 环境保护，（2）：40-42.

段晓东，王存睿，刘向东，等. 2009. 基于网络权重的多社团网络结构划分算法[J]. 复杂系统与复杂性科学，6（3）：34-39.

封光，张旭东，王德生. 2009. 利用图的拓扑特性进行网页重要性度量[J]. 清华大学学报，49（4）：

525-527.
冯久田，尹建中，初丽霞. 2003. 循环经济理论及其在中国实践研究[J]. 中国人口·资源与环境，13（2）：28-33.
冯薇. 2006. 产业集聚与生态工业园的建设[J]. 中国人口·资源与环境，16（3）：51-55.
冯耀宗. 2002. 人工生态系统稳定性概念及其指标[J]. 生态学杂志，21（5）：58-60.
冯振明. 2006. Google 核心——PageRank 算法探讨[J]. 计算机技术与发展，16（7）：82-84.
冯之浚. 2004. 论循环经济[J]. 中国软科学，（10）：1-9.
冯之浚. 2006. 循环经济的范式研究[J]. 中国软科学，（8）：9-21.
付允，马永欢，刘怡君，等. 2008. 低碳经济的发展模式研究[J]. 中国人口·资源与环境，18（3）：14-19.
甘应爱，田丰，李维铮，等. 2005. 运筹学[M]. 3 版. 北京：清华大学出版社.
龚晓宁，钟书华. 2005a. 生态工业园区的内部结构[J]. 科技管理研究，（9）：105-108.
龚晓宁，钟书华. 2005b. 生态工业园区工业链与自然生态系统食物链的比较[J]. 科技与管理，（3）：7-8，11.
郭莉. 2005. 工业共生进化及其技术动因研究[D]. 大连：大连理工大学.
郭莉，苏敬勤. 2005. 基于 Logistic 增长模型的工业共生稳定分析[J]. 预测，（1）：25-29.
国家环境保护总局科技标准司. 2004. 循环经济和生态工业规划汇编[M]. 北京：化学工业出版社.
韩玉堂. 2009. 生态工业园中的生态产业链系统构建研究[D]. 青岛：中国海洋大学.
韩玉堂，李凤岐. 2009. 生态产业链链接的动力机制探析[J]. 环境保护，（4）：30-32.
洪洁，李琳. 2008. 基于生态经济环境下的企业绿色持续创新联盟初探[J]. 经济问题探索，（7）：58-61.
胡敏. 2006-06-12. 促进产业集群发展正当其时[N]. 中国高新技术产业导报，第 C01 版.
胡乔宁，王要武，胡乔迁. 2009. 企业价值链价值分配的优化研究[J]. 哈尔滨工程大学学报，（1）：111-115.
胡卫东. 2009. 生态工业园价值链分析及协同管理研究[J]. 沿海企业与科技，（1）：22-25.
黄彬. 2006. 循环经济条件下发展生态工业的条件及思路[J]. 现代经济探讨，（5）：66-68.
黄思铭. 2001. 可持续发展的评判[M]. 北京：高等教育出版社.
姜迎全，席德立. 1999. 环境外部不经济性内部化手段的评价与筛选[J]. 环境科学，3（2）：95-97.
金通. 2006. 环境管理动力差异的博弈论解释及其含义[J]. 决策参考，（1）：34-35.
经济合作与发展组织. 1996. 环境项目和政策的经济评价指南[M]. 施涵，陈松译. 北京：中国环境科学出版社.
柯金虎. 2002. 工业生态学与生态工业园论析[J]. 科技导报，（12）：33-35.
雷玉桃. 2006. 流域水环境管理的博弈分析[J]. 中国人口·资源与环境，16（1）：122-126.
李典友. 2006. 冗余理论及其在生态学上的应用[J]. 南通大学学报，5（1）：50-54.
李广明，黄有光. 2010. 区域生态产业网络的经济分析——一个简单的成本效益模型[J]. 中国工业经济，（2）：5-15.
李娜，张建强. 2006. 生态工业园内的水资源循环模型[J]. 四川环境，25（5）：37-40.
李全胜，王兆骞. 1994. 熵理论在生态系统稳定性研究中的应用[J]. 生物数学学报，9（3）：234-241.
李士金. 2009. 同煤集团发展循环经济的运行模式研究[D]. 阜新：辽宁工程技术大学.
李同升，韦亚权，周华. 2005. 生态工业园及其规划设计探讨[J]. 经济地理，25（5）：647-650.

李艳双，于树江，王军花. 2008. 生态产业链稳定性因素分析及管理对策研究[J]. 河北工业大学学报，37（5）：48-53.
刘红娟. 2006. 共同所有权与控制权配置、制度环境和治理效率[J]. 南开管理评论，9（2）：90-95.
刘景洋，乔琦，姚扬，等. 2007. 生态工业园区评价指标体系研究——综合类生态工业园区[J]. 现代化工，27（7）：58-61.
刘娟，谢家平. 2009. 发展跨区域企业群落的必要性分析——基于“工业生态系统”的视角[J]. 生产力研究，（20）：18-20，38.
刘萌，张长元. 2002. 简论用分配机制驱动循环经济的实现[J]. 社会科学，（8）：20-22.
刘书俊. 2009. 循环经济与工业生态系统运行实例分析[J]. 环境科学与技术，32（3）：197-200.
刘陶. 2007. 发达国家生态工业园理论与实践述评[J]. 科协论坛，（6）：46-47.
刘喜凤，罗宏，张征. 2003. 21 世纪的工业理念：生态工业[J]. 北京林业大学学报（社会科学版），（1）：51-55.
刘玉婷. 2010. 两类网页重要性排序算法的概率对比[J]. 应用数学学报，33（3）：432-442.
刘远彬，左玉辉，周晶. 2004. 信息不对称对发展循环经济的不利影响及对策分析[J]. 环境保护科学，30（1）：46-48.
鲁成秀，尚金城. 2004. 生态工业园规划建设的理论与方法初探[J]. 经济地理，24（3）：399-402.
陆佳. 2007. 循环经济理念下的生态工业园规划实践——以深圳市宝安区为例[J]. 城市规划学刊，（3）：66-71.
陆志峰，周家启，阳少华，等. 2002. 多元件备用系统可靠性计算研究[J]. 中国电机工程学报，22（6）：52-56.
罗宏. 2001. 国外工业园区的环境管理[J]. 环境导报，（1）：48-50.
罗宏. 2002-04-30. 生态工业园区的国内外实践[N]. 中国环境报，第 003 版.
潘岳. 2007-09-17. 中国需要什么样的环境经济新政策[N]. 中国经济时报，第 A01 版.
彭林，潘南明，卢彦. 2005. 博弈理论在环境保护中的应用[J]. 广州环境科学，20（1）：31-32，40.
钱易. 2002. 清洁生产与可持续发展[J]. 节能与环保，20（7）：10-13.
乔琦. 2011. 综合类生态工业园区建设绩效评估[J]. 环境工程技术学报，1（1）：82-86.
秦丽杰. 2008. 吉林省生态工业园建设模式研究[D]. 哈尔滨：东北师范大学.
秦书生. 2009. 基于工业生态系统的循环经济发展模式探析[J]. 科技管理研究，（12）：378-380.
秦荪涛. 2007. 生态工业园系统的演化与调控[D]. 南京：河海大学.
秦晓玲，孙丽娜，孙铁珩. 2010. 生态工业园区系统柔性及适度性研究[J]. 中国集体经济，（1）：86-87.
芮加利，王子彦. 2009. 工业生态系统类型及稳定性的相关性探讨[J]. 环境保护与循环经济，（5）：49-51.
单珊，王烜，毛建素. 2008. SD-MOP 整合模型在生态工业园规划中的应用探析[J]. 环境科学与管理，33（3）：156-160，178.
沈满洪，何灵巧. 2001. 环境经济手段的比较分析[J]. 浙江学刊，（6）：162-166.
沈晓珊，刘东. 2002. 从系统论看企业网络的发展[J]. 数量经济技术经济研究，（5）：111-114.
石磊，王震. 2010. 中国生态工业园区的发展（2000—2010 年）[J]. 中国地质大学学报，10（4）：60-66.
宋国君，马中，姜妮. 2003. 环境政策评估及对中国环境保护的意义[J]. 环境保护，（12）：

34-37，57.
宋雨萌，石磊. 2008. 工业共生网络的复杂性度量及案例分析[J]. 清华大学学报，48（9）：1441-1444.
孙晓梅，崔兆杰，朱丽. 2010. 生态工业园运行效率评价指标体系的研究[J]. 中国人口·资源与环境，20（1）：124-128.
陶阳，王雅林. 2009. 区域生态工业系统中的企业共生[J]. 企业管理，（9）：93-94.
童莉. 2006. 生态工业园区产业链设计及其系统稳定性研究：以烟台、乌鲁木齐为例[D]. 北京：北京化工大学.
万融. 2003. 欧盟的环境政策及其局限性分析[J]. 山西财经大学学报，25（2）：5-9.
汪小帆，李翔，陈关荣. 2006. 复杂网络理论及其应用[M]. 北京：清华大学出版社.
王崇梅. 2010. 以静脉产业为主导的日本生态工业园循环经济模式研究[J]. 科技进步与对策，27（3）：12-14.
王发明. 2007. 循环经济系统的结构和风险研究——以贵港生态工业园为例[J]. 财贸研究，（5）：14-18.
王国弘. 2009. 生态工业园区中生态产业链的稳定性研究[D]. 天津：天津大学.
王慧敏，张莉，杨玮. 2008. 南水北调东线水资源供应链定价模型[J]. 水利学报，39（6）：758-762.
王立敏，高学东，马红权. 2010. 基于最大节点接近度的局部社团结构探测算法[J]. 计算机工程，36（1）：25-26，29.
王曦. 1992. 美国环境法概论[M]. 武汉：武汉大学出版社.
王小红. 2009. 改进的 K-均值聚类算法在社团划分中的应用[J]. 青海师范大学学报，（2）：22-24.
王晓光. 2003. 发展循环经济的基本途径与对策研究[J]. 软科学，17（1）：31-33.
王秀丽，李春发. 2006. 生态工业链构建中的博弈分析[J]. 系统工程，24（1）：9-12.
王永萍，寇小萱. 2007. 论天津滨海化工区建设生态工业园的必然性[J]. 天津经济，（8）：33-35.
王兆华. 2002. 生态工业园工业共生网络研究[D]. 大连：大连理工大学.
王兆华，武春友. 2002. 基于交易费用理论的生态工业园区中企业共生机理研究[J]. 科学与科学技术管理，（8）：9-13.
王兆华，武春友，王国红. 2002. 生态工业园中两种工业共生模式比较研究[J]. 软科学，16（2）：11-14，18.
邬盈盈，韦巍，李国阳. 2011. 基于社团划分的复杂网络牵制控制策略[J]. 浙江大学学报，45（3）：495-502.
吴秋月，何江宏. 2006. Google 矩阵和它的性质[J]. 大学数学，22（6）：135-139.
吴松毅，吴林海. 2005. 生态工业园区理论研究现状与展望[J]. 江海学刊，（3）：225-229.
吴文东. 2007. 面向生态工业园的工业共生体成长建模及其共生效率评价[D]. 天津：天津大学.
武春友，邓华，段宁. 2005. 产业生态系统稳定性研究述评[J]. 中国人口·资源与环境，15（5）：21-25.
武春友，张承兵，耿勇. 2003. 生态工业园的一体化水资源网络模型研究[J]. 中国环境管理，（S1）：7-9.
席桂萍. 2004. 生态工业的研究现状与进展[J]. 河南职业技术师范学院学报，32（2）：67-69.
夏光. 2002. 环境政策创新：环境政策的经济分析[M]. 北京：中国环境科学出版社.
夏训峰，海热提·涂尔逊，乔琦. 2006a. 工业生态系统的工业共生原理探讨[J]. 上海环境科学，25（1）：7-10，46.

夏训峰，海热提·涂尔逊，乔琦. 2006b. 工业生态系统与自然生态系统比较研究[J]. 环境科学与技术，29（4）：61-63，118.
肖忠东. 2002. 工业生态制造中物质剩余理论研究[D]. 西安：西安交通大学.
谢福鼎，张磊，嵇敏，等. 2009. 一种基于谱平分法的社团划分算法[J]. 计算机科学，36（11）：186-188.
解振华. 2002. 建设生态工业园推进环保产业发展——在南海国家生态工业示范园区暨华南环保科技产业园建设规划论证会上的讲话[J]. 中国环保产业，（Z1）：28-29.
解振华. 2004-06-23. 坚持求真务实 树立科学发展观 推进循环经济发展[J]. 环球经济，（8）：12-20.
徐大伟，王子彦，谢彩霞. 2005. 工业共生体的企业链接关系的分析比较——以丹麦卡伦堡工业共生体为例[J]. 工业技术经济，24（1）：63-66.
徐增勇，宋运忠. 2008. 社团结构对复杂网络稳定性的影响研究[J]. 河南理工大学学报（自然科学版），27（6）：638-642.
杨建新，周献中，葛银茂. 2008. 基于拉普拉斯图谱和 K 均值的多社团发现方法[J]. 计算机工程，34（12）：178-180，183.
杨玲丽. 2010. 工业共生中的政府作用——以贵港生态工业园为案例[J]. 技术经济与管理研究，（S2）：90-93.
杨雪锋. 2006. 近期循环经济研究述评[J]. 改革与战略，（3）：27-30.
杨亚妮，白华英，苏智先. 2003. 建立适应中国可持续发展战略的环境政策[J]. 西北农林科技大学学报（社会科学版），3（5）：45-50.
尹云松，孟枫平，糜仲春. 2004. 流域水资源数量与质量分配双重冲突的博弈分析[J]. 数量经济技术经济研究，（1）：136-140.
于成学，武春友，王文璋. 2007. 基于循环经济的中国鲁北生态工业模式选择[J]. 中国软科学，（6）：135-140.
于海杰. 2008. 生态工业链企业定价策略研究[D]. 哈尔滨：哈尔滨工业大学.
袁增伟，毕军，王习元，等. 2004. 生态工业园区生态系统理论及调控机制[J]. 生态学报，24（11）：2501-2508.
岳媛媛，苏敬勤. 2004. 生态效率：国外的实践与我国的对策[J]. 科学学研究，22（2）：170-173.
张奔，戴铁军. 2010. 基于协同学的生态工业园不稳定现象的解释与对策[J]. 科技管理研究，（8）：227，238-240.
张洪波，黄强，畅建霞，等. 2006. 黄河水资源分配模型与方法探讨[J]. 人民黄河，28（1）：49-51.
张萌，胡军. 2007. 工业生态系统稳定性研究综述[J]. 东北林业大学学报，35（6）：77-80.
张文龙，余锦龙. 2009. 熵及耗散结构理论在产业生态研究中的应用初探[J]. 社会科学家，（2）：118-121，126.
张艳. 2010. 我国生态工业园中产业链存在的问题与优化[J]. 工业安全与环保，36（4）：11-12.
张英. 2005. 循环经济的理论内涵及实施策略[J]. 山东财政学院学报，（1）：67-69.
赵国，宋建成. 2010. Google 搜索引擎的数学模型及其应用[J]. 西南民族大学学报，36（3）：480-486.
赵凯，陈甬军. 2006. 对循环经济技术范式——“XR”原则的探讨[J]. 中国工业经济，（6）：44-50.
赵永毅，史定华. 2006. 复杂网络的特征谱及其应用[J]. 复杂系统与复杂性科学，3（1）：1-12.

钟书华. 2003. 工业生态学与生态工业园区[J]. 科技管理研究，23（1）：58-60.
周劲松，吴舜泽，王金南. 2009. 有序·网络·开放——生态系统解析[J]. 环境保护与循环经济，（2）：7-9.
诸大建. 2000. 从可持续发展到循环型经济[J]. 世界环境，（3）：6-12.
庄贵阳. 2005. 中国经济低碳发展的途径与潜力分析[J]. 国际技术经济研究，（3）：8-12.
庄贵阳. 2009. 中国发展低碳经济的困难与障碍分析[J]. 江西社会科学，（7）：20-26.
邹骥. 2000. 环境经济一体化政策研究[M]. 北京：北京出版社.
Allenby B R，Richard D J. 1994. The Greening of Industrial Ecosystems[M]. Washington D.C.：National Academy Press.
Baldwin J S，Ridgway K，Winder B，et al. 2004. Modelling industrial ecosystems and the "problem" of evolution[J]. Progress in Industrial Ecology，1：39-60.
Capocci A，Servedio V D P，Caldarelli G，et al. 2004. Detecting communities in large networks[J]. Physica A：Statistical Mechanics and its Applications，352（2）：669-676.
Chertow M R. 1999. The eco-industrial park model reconsidered[J]. Journal of Industrial Ecology，2（3）：8-10.
Chertow M R. 2000. Industrial symbiosis：literature and taxonomy[J]. Annual Review of Energy and the Environment，25：313-317.
Chew I M L，Tan R R，Foo D C Y，et al. 2009. Game theory approach to the analysis of inter-plant water integration in an eco-industrial park[J]. Journal of Cleaner Production，17(18)：1611-1619.
Cote R，Cohen-Rosenthal E. 1998. Designing eco-industrial parks：a synthesis of some experiences[J]. Journal of Cleaner Production，6（3-4）：181-188.
Cote R，Hall J. 1995. Industrial parks as ecosystems[J]. Journal of Cleaner Production，3(1-2)：41-46.
Duvaliet J，Garapin A，Llerena D，et al. 2004. A game theoretical approach of price negotiation and coordination in an innovative firm-supplier context：an experimental analysis[J]. International Negotiation，9（2）：245-269.
Erkman S. 1997. Industrial ecology：an historical view[J]. Cleaner Production，5（1-2）：1-10.
Evans J W，Steverson R. 2000. A practical handbook for policy development and action planning for the promotion of cleaner production[C]. UNEP's 6th International High-level Seminar on Cleaner Production，Montreal，Canada.
Fleig A K. 2000. Eco-industrial Parks：A Strategy Towards Industrial Ecology in Developing and Newly Industrialised Countries[M]. Eschbom，Germany：Deutsche Gesellschaft far Technische Zusammenarbeit（GTZ）GmbH.
Fotopoulos G，Spence N. 2001. Regional variations of firm births，deaths and growth patterns in the UK，1980-1991[J]. Growth and Change，32（2）：151-173.
Frosch R A，Gallopoulos N E. 1989. Strategies for manufacturing[J]. Scientific American，261（3）：144-152.
Geng Y，Zhang P，Cote R P，et al. 2008. Assessment of the national eco-industrial park standard for promoting industrial symbiosis in China[J]. Journal of Industrial Ecology，（1）：15-26.
Gibbs D，Deutz P. 2005. Implementing industrial ecology planning for eco-industrial parks in the USA[J]. Geoforum，36（4）：452-464.
Grant J. 1997. Planning and designing industrial landscapes for eco-efficiency[J]. Journal of Cleaner

Production，5（1）：75-78.

Hawken P. 1993. The Ecology of Commerce：A Declaration of Sustainability[M]. New York：Harper Collins.

Hladuvka J，Konig A，Groller E. 2001. Exploiting eigenvalues of the hessian matrix for volume decimation[C]. 9th International Conference in Central Europe on Computer Graphics，Visualization and Computer Vision.

Hu A H，Shih S H，Hsu C W，et al. 2005. Eco-efficiency evaluation of the eco-industrial cluster[R]. Tokyo，Japan：4th International Symposium on Environmentally Conscious Design and Inverse Manufacturing.

Huang Z M，Li S. 2001. Co-op advertising models in manufacturer-retailer supply chains：a game theory approach[J]. European Journal of Operational Research，135（2）：527-544.

Jacobsen N B. 2006. Industrial symbiosis in Kalundborg，Denmark：a quantitative assessment of economic and environmental aspects[J]. Journal of Industrial Ecology，10（2）：239-255.

Liwarska-Bizukojc E，Bizukojc M，Marcinkowski A. 2009. The conceptual model of an eco-industrial park based upon ecological relationships[J]. Journal of Cleaner Production，17（8）：732-741.

Lowe E. 1997. Creating by-product resource exchange：strategies for eco-industrial parks[J]. Journal of Cleaner Product，5（1-2）：57-65.

Lowe E. 2001. Introduction to eco-industrial parks[R]. Draft for Asian Development Bank：57-59.

Lowe E，Moran S，Holmens A. 1995. A fieldbook for the development of eco-industrial parks[R]. Report for U.S. Environment Protection Agency. Oakland（CA）：Indigo Development International.

Lowitt P C. 2008. The emergence of a successful eco-industrial park in the United States[J]. Journal of Industrial Ecology，（2）：497-500.

MacArthur R H. 1955. Fluctuations of animal populations and a measure of community stability[J]. Ecology，36（3）：533-536.

May R M. 1973. Stability and Complexity in Model Ecosystems[M]. Princeton：Princeton University Press.

O'Rourke D，Connelly L，Koshland C. 1996. Industrial ecology：a critical review[J]. International Journal of Environment and Pollution，6（2-3）：89-112.

Orians G H. 1975. Diversity，stability and maturity in natural ecosystems//van Dobben W H，Lowe-McConnell R H. Unifying Concepts in Ecology[M]. Dordrecht：Springer：139-150.

Pellenbarg P. 2002. Sustainable business sites in the Netherlands：a survey of policies and experiences[J]. Journal of Environment Planning and Management，45（1）：59-84.

Pimm S L. 1991. The Balance of Natura?[M]. Chicago：University of Chicago Press.

President's Council on Sustainable Development. 1996. Eco-industrial park workshop proceedings[R]. Washington（DC），17-18 october.

Schwartz E J，Steininger K W. 1997. Implementing nature's lesson：the industrial recycling network enhancing regional development[J]. Journal of Cleaner Production，5（1-2）：47-56.

Shi H，Chertow M，Song Y. 2010. Developing country experience with eco-industrial parks：a case study of the Tianjin Economic-Technological Development Area in China[J]. Journal of Cleaner Production，18（3）：191-199.

Tibbs H. 1992. Industrial ecology：an environmental agenda for industry[J]. Whole Earth Review，（4）：25-28.

Yong G，Zhao H X. 2009. Industrial park management in the Chinese environment[J]. Journal of Cleaner Production，17（14）：1289-1294.

Zhu Q H，Cote R P. 2004. Intergrating green supply chain management into an embryonic eco-industrial development：a case study of the Guitang Group[J]. Journal of Cleaner Production，（12）：1025-1035.

附录：主生态工业链的算法程序

求两点间最大距离及其最大路径的 *m* 函数。

```
function [max, path]=dijkstra (w, start, terminal)
% Dijkstra 算法程序的使用说明:
%调用格式为
%[min,path]=dijkstra (w, start,terminal)
%其中输入变量 w 为所求图的带权邻接矩阵,start 和 terminal 分别为路径的起点和终点。返回 start 到 terminal 的最长路径 path 及其长度 max
%注意:顶点的编号从 1 开始连续编号。若两顶点间没有路,带权邻接矩阵中相应位置的元素取值为-inf
% s 为最大距离已确定的顶点集

n=size(w,1); %顶点数
label(start)=0;
father(start)=start; %起点的父顶点是自身
for i=1:n
if i~=start
label(i)=-inf;
end
end

s(1)=start;u=start;
while length(s)<n
for i=1:n
ins=0;
for j=1:length(s)
if i==s(j)
ins=1;
end
end
if ins==0
```

```
v=I;
if label(v)<(label(u)+w(u,v))
label(v)=label(u)+w(u,v);
father(v)=u;% v的父顶点是u
end
end
end
v1=0;
k=-inf;
for i=1:n
ins=0;
for j=1:length(s)
if i==s(j)
ins=1;
end
end
if ins==0
v=i;
if k<label(v)
k=label(v);v1=v;
end
end
end
s(length(s)+ 1)=v1;
u=v1;
end
max=label(terminal);path(1)=terminal;
i=1;
while path(i)~=start
path(i+1)=father(path(i));
i=i+1;
end
path(i)=start;
L=length(path);
path=path(L:-1:1);
```

```
%算法实现
clc; clear;close all;
%载入设置数据
lines=load('distance.m');%点与点之间的距离矩阵
A=lines;
n=size(A,1);
max_distance_fromMpoint=zeros(1,n);%主节点到各节点的最大距离
max_distance_toMpoint=zeros(1,n);%各节点到主节点的最大距离

Mpoint=input('主节点');%起点（点的序号）
for i=1:n
[distance,path1]=dijkstra(A,Mpoint,i);
max_distance_fromMpoint(i)=distance;
end
for i=1:n
[distance,path2]=dijkstra(A,I,Mpoint);
max_distance_toMpoint(i)=distance;
end

[sd1,pos1]=sort(max_distance_fromMpoint);%对主节点到各节点的最大距离进行排序
[sd2,pos2]=sort(max_distance_toMpoint);%对各节点到主节点的最大距离进行排序

distance=sd1(n)+sd2(n);%通过主节点的最大距离
fprintf('\n Max Distance is:%.5f \n',distance)

[distance,path2]=dijkstra(A,pos2(n),Mpoint);
fprintf('\n the other part of the Max Distance path is:\n')
disp(path2);

[distance,path1]=dijkstra(A,Mpoint,pos1(n));
fprintf('\n one part of the Max Distance path is:\n')
disp(path1).
```